# A BANDEIRA DE OXALÁ

## Pelos Caminhos da Umbanda

# A BANDEIRA DE OXALÁ

## Pelos Caminhos da Umbanda

Ademir Barbosa Júnior
(Dermes)

A BANDEIRA DE OXALÁ – PELOS CAMINHOS DA UMBANDA
Copyright© Editora Nova Senda

Revisão: Rosemarie Giudilli
Ilustração da capa: Clayton Barros Torres
Diagramação: Décio Lopes

**Dados Internacionais de Catalogação na Publicação**
**(Câmara Brasileira do Livro, SP, Brasil)**

---

A Bandeira de Oxalá - Pelos Caminhos da Umbanda/Ademir Barbosa Júnior – 1ª edição – São Paulo – Editora Nova Senda, 2013.

Bibliografia.
ISBN 978-85-66819-02-1

1. Contos Umbandistas 2. Religião Afrobrasileira I. Título.

---

Proibida a reprodução total ou parcial desta obra, de qualquer forma ou por qualquer meio, seja eletrônico ou mecânico, inclusive por meio de processos xerográficos, incluindo ainda o uso da internet sem a permissão expressa da Editora Nova Senda, na pessoa de seu editor (Lei nº 9.610, de 19.02.1998).

Direitos exclusivos reservados para Editora Nova Senda.

EDITORA NOVA SENDA
Rua Jaboticabal, 698 – Vila Bertioga – São Paulo/SP
CEP 03188-001 | Tel. 11 2609-5787
contato@novasenda.com.br | www.novasenda.com.br

Ser espiritualizado é aprender a conviver
com as diferenças e a ingratidão.

Caboclo Pena Branca

Dedico este livro ao Caboclo Pena Branca, que me mostra o caminho, e à Babá Paula e à Mãe Pequena e minha "Madlinha" Vânia, que me ajudam a trilhá-lo; à Babá e também à minha Madrinha Marissol Nascimento, presidente da *Federação de Umbanda e Candomblé Mãe Senhora Aparecida*, pela confiança e pelo amor; a todos os irmãos da *Tenda de Umbanda Caboclo Pena Branca e Mãe Nossa Senhora Aparecida*, Casa da qual sou filho; a Iya Senzaruban, dirigente do *Ilê Iya Tunde*, Casa onde saí Ogã; a Sávio Gonçalves, irmão de Mucuiú, irmão de Saravá; à Mara Tozatto e Karina Andrade, amigas da *Rádio Mundo Aruanda*; às meninas do Iyalodê; a meus pais Ademir e Laís; à minha irmã Arianna e à querida Tia Nair Barbosa, dirigente espiritual do antigo *Terreiro Caboclo Sete Flechas*, Rua Almirante Barroso, de Piracicaba, aonde eu ia pequenininho (a primeira vez que vi o mar foi numa festa de Iemanjá, com o povo dessa Casa).

# Sumário

I   Amarração .................................................................. 11

II   Bate-papo no Terreiro ............................................. 15

III   Umbanda: S.U.S da Espiritualidade ............................. 21

IV   A Bandeira de Oxalá ..................................................... 27

V   Maria Alice ................................................................. 31

VI   Amor de Mãe .............................................................. 37

VII   Palavras de Doutor ..................................................... 43

VIII   Mas como é grande a família do diabo ....................... 47

IX   Dia Municipal da Umbanda ........................................ 59

X   Meditações da Galera Umbandista ............................. 75

XI   Festa de Iemanjá ......................................................... 77

XII   Xangô e suas três esposas: Exercício de griotagem ..... 79

XIII   Verbete ........................................................................ 89

XIV   Pai Jacó ........................................................................ 95

XV   Optcha! ...................................................................... 101

| XVI | Orikais | 107 |
| XVII | Umbanda e Zen | 111 |
| XVIII | Sincretismo | 115 |
| XIX | Corte | 127 |
| XX | Mas a fumaça representa as nuvens, e a cerveja, a espuma do mar | 133 |
| XXI | Xangô: Notas sobre o sincretismo | 137 |
| XXII | Cambone e a Arte de Ser Gentil | 143 |
| XXIII | Xangô: Meditação | 147 |
| XXIV | Oxum: Meditação | 151 |
| XXV | O Sexo dos Orixás | 155 |
| XXVI | Ogã Cochilo | 161 |
| XXVII | Oração | 163 |
|  | O Autor | 165 |
|  | Referência Bibliográfica | 167 |

I

# Amarração

Renata não tinha medo, mas estava inquieta. Na verdade, curiosa. A casa era aconchegante, as velas estavam acesas, a maioria das pessoas em silêncio, alguns se cumprimentando baixinho, um ou outro toque de atabaque e o cheiro acolhedor do turíbulo aceso.

Havia pegado o endereço da Casa com uma amiga que tinha comparecido à Festa de Cosme, Damião e Doum no ano anterior: *Tenda de Umbanda Caboclo Sete Montanhas*. O dirigente da Casa, havia dito a amiga, era Pai Jerônimo, que dizia brincando que muitos quando ouviam seu nome pensavam ser ele um Preto Velho de Xangô, e não o Babá daquela família. Assim, muitos achavam que o Guia Chefe da Casa era um possível Pai Jerônimo, e não Caboclo Sete Pedreiras. Renata, na realidade, não sabia bem o que era um Caboclo ou um Preto Velho, a não ser que havia visto em novelas e programas humorísticos.

Às 20h em ponto, ao som de saudações e palmas, abriram-se as cortinas e Renata se surpreendeu com um altar simples, iluminado com velas coloridas e imagens católicas. Chamou-lhe a atenção uma grande imagem de Nossa Senhora Aparecida, santa de sua devoção.

Renata estranhou os médiuns, todos vestidos de branco, colocando a testa no chão e apenas o que pensava ser Pai Jerônimo deitando com o corpo todo, enquanto uma moça tocava o adjá. Jamais havia visto uma sineta como aquela e sentiu vibração bastante positiva na mente e no coração. Sentia-se bem com o som dos atabaques, com as vozes em coro, com o cheiro da defumação. Prestava atenção aos movimentos dos médiuns e da assistência, que já começava a ser defumada. Renata estava na segunda fila. Sentiu-se envergonhada em se sentar logo à frente, por não conhecer a liturgia. Medo não tinha.

Após preces e novas saudações, o coração de Renata bateu mais forte. Era chegado o momento da incorporação. Pai Jerônimo estava de costas para a assistência e, de repente, deu um brado, fez movimentos bruscos, virou-se para o cambone, abraçou-o, fez o mesmo com a moça do adjá, colocou na cabeça o penacho que tinha recebido do cambone, saudou e abençoou os médiuns, abraçou os médiuns que estavam quase em frente à corda que fechava a mureta e dividia o espaço dos médiuns e o espaço da assistência e saudou a mesma.

Voltou para frente do altar, fez um gesto com a mão, e todos ficaram em silêncio. O Caboclo perguntou então se os filhos estavam bem, ouviu a resposta, pediu firmeza e concentração para os trabalhos daquela noite e disse ao cambone (o mesmo que lhe havia passado o penacho) que verificasse se as fichas haviam sido distribuídas corretamente à assistência, e deu ordem para os atabaques recomeçarem.

Os dois médiuns que haviam sido abraçados incorporaram seus Caboclos e o mesmo aconteceu com outros dois que estavam nos cantos, um no canto direito, e o outro no esquerdo. Todos saudaram e abraçaram o Caboclo das Sete Montanhas, em clima de amizade e respeito.

A cambone responsável por organizar os atendimentos e passes chamou Renata, que tirou os sapatos e dirigiu-se até Caboclo Sete Montanhas, que a saudou amorosamente. Renata, então, contou-lhe a razão de estar ali, o desejo de uma amarração que lhe trouxesse de volta e para sempre o ex-namorado. O Caboclo sorriu e explicou que uma Casa de Orixás séria não faz amarração, pois isso fere o livre-arbítrio. Perguntou, ainda, à Renata que mérito teria em atrair alguém dessa maneira, e não pelo sentimento, pelo amor. Renata compreendeu rápido, pediu orientações em relação ao trabalho. O Caboclo respondeu de pronto, falou de sua espiritualidade, receitou-lhe alguns banhos, pediu que conversasse com

Pai Jerônimo, seu cavalo. Quando Renata lhe perguntou se precisaria tornar-se umbandista para tomar os banhos e receber orientações, o Caboclo explicou-lhe que todos têm um caminho, que com o tempo ela descobriria se a Umbanda seria ou não o seu. Renata sorriu, agradeceu, calçou os sapatos e voltou nas semanas seguintes, tomou os banhos, falou com Pai Jerônimo, consultou Caboclo Sete Montanhas outras vezes e, com a alma tranquila, entrou para o corpo mediúnico da casa. Ali compreendeu o verdadeiro sentido do amor, na forma de doação e parceria. Ali reabriu o seu coração para novas experiências, sempre pedindo à sua Mãe Oxum que lhe indicasse caminhos e a amparasse. Em alguns meses conheceu William, com quem se casou dois anos depois. Não sem antes o rapaz se interessar pela Casa, entrar nela e se tornar Ogã, comprometendo-se principalmente a ensinar as crianças.

Em vez de uma, Renata conseguiu duas amarrações: a do laço em seu vestido de noiva, e a do pano no atabaque em que William passou a tocar.

## II

# Bate-papo no Terreiro

Pedro desenvolve um projeto de palestras públicas na *Comunidade Umbandista Vovó Catarina de Angola*. Participam irmãos da Casa, umbandistas de outros terreiros, candomblecistas, pesquisadores, estudantes de História e Filosofia, enfim, público variado. Pedro não vê, mas sabe que também número grande de desencarnados engrossa o auditório. Fala com humildade, mas com segurança, ciente da responsabilidade que lhe foi confiada, a qual vivencia com muita alegria.

Como sempre, Pedro recebeu um a um com carinho e desprendimento sincero. Por último chegou Mãe Dolores, dirigente espiritual da Casa. Após a prece inicial, Pedro começou a falar. O tema da noite: Orixá Ogum.

— Ogum na Umbanda é geralmente sincretizado com São Jorge, mas também com Santo Antônio, sobretudo o Senhor Ogum de Ronda. É o vencedor de demandas, com sua espada rompe toda a energia deletéria.

– O que nem sempre se compreende é que a energia negativa, muitas vezes, vem da própria pessoa. Fala-se muito em obsessão, mas nem sempre as pessoas se conscientizam da auto-obsessão. Uma das saudações mais tradicionais de Ogum é "Patacori", que pode ser traduzida como "O que corta o Ori". Pode parecer algo violento, mas não é: Ogum corta o Ori dos pensamentos velhos, para que o Ori renovado cresça, e se desenvolva.

– Ogum é associado ao ferro e a tudo que é forjado pelo homem, portanto, à cultura de modo geral. Em África era também associado à agricultura, mas no Brasil, os negros escravizados viam as plantações tal qual um motivo de dor e enriquecimento apenas dos donos da terra, então dissociaram Ogum do plantio. Contudo, ele é intimamente ligado a Oxóssi e a Exu, dentre outros Orixás.

– Nós, umbandistas, acreditamos que no fenômeno da incorporação não é o próprio Orixá que vem, mas um de seus falangeiros. No caso de Ogum, essa concepção auxilia muito a compreender o sincretismo com São Jorge, guerreiro, batalhador, que deve ser compreendido no contexto histórico-social em que viveu.

– O fato de católicos e umbandistas cultuarem São Jorge não significa concordar com Cruzadas, atrocidades, guerras santas, etc. Até porque não existe "guerra santa". Guerra é guerra.

– Ogum é Orixá, está além de nossa compreensão, pois conhecemos muito pouco dele. Talvez seja mais fácil conhecer Ogum por meio de São Jorge. O sincretismo, para nós, não é submissão, rendição, algo assim. Pode ser interpretado dessa forma, contudo, quando o negro escravizado utilizava imagens católicas para cultuar seus Orixás estava sendo é muito esperto.

Risos da assistência.

– Alguém tem alguma pergunta?

Uma senhora ergueu a mão:

– Pedro, fale um pouquinho mais das características gerais de Ogum.

– Claro! Dona Ivete.

– Muito obrigada.

– Bem, Ogum é filho de Iemanjá, irmão de Exu e Oxóssi, a quem deu suas armas de caçador, Orixá do sangue que sustenta o corpo, da espada, da forja e do ferro, é padroeiro daqueles que manejam ferramentas, tais quais barbeiros, ferreiros, maquinistas de trem, mecânicos, motoristas de caminhão, soldados e outros. É também patrono dos conhecimentos práticos e da tecnologia, simboliza a ação criadora do homem sobre a natureza, a inovação, a abertura de caminhos em geral.

– Ogum foi casado com Iansã e posteriormente com Oxum, entretanto vive só, pelas estradas, lutando e abrindo caminhos. Ogum é, ainda, Senhor dos caminhos (isto é, das ligações entre lugares, enquanto Exu é o dono das encruzilhadas, do tráfego em si) e das estradas de ferro, protege, ainda, as portas de casas e templos. Sendo senhor da faca, no Candomblé, suas oferendas rituais vêm logo após as de Exu. Vale lembrar que, tradicionalmente, o Ogã de faca, responsável pelo corte (sacrifício animal), chamado Axogum, deve ser filho de Ogum. É responsável pela aplicação da Lei, é vigilante, marcial, atento.

– Na Umbanda, Ogum é o responsável maior pela vitória contra demandas (energias deletérias) enviadas contra alguém, uma casa religiosa, etc. Sincretizado com São Jorge, ele assume a forma mais popular de devoção, por meio de orações, preces, festas e músicas diversas a ele dedicadas.

– Como vimos em outros bate-papos, e a Umbanda respeita outras leituras, evidentemente, a mitologia dos Orixás não precisa necessariamente ser entendida ao pé da letra, como no caso dos casamentos entre Orixás. Na verdade, nos referimos à conjugação de energias.

– Pedro, sobre isso, como interpretar as histórias dos Orixás, principalmente as que estão ligadas às raízes africanas? – Perguntou Marcelo, um jovem professor de Pedagogia.

– Bem, pensemos num relato mitológico específico, então. Esses relatos são conhecidos como itãs. Temível guerreiro, Ogum partiu para a guerra. Quando retornou a Irê, sua cidade, a população estava num ritual em que se devia guardar silêncio. Por isso, ninguém saudou Ogum, que, indignado, começou a matar os próprios súditos. Finda a cerimônia e, portanto, o silêncio ritual, o filho de Ogum e outros súditos vieram prestar homenagens ao rei, celebrando suas vitórias. Contudo, Ogum estava inconsolável, passava os dias atormentado pela culpa. Ogum, então, cravou sua espada no chão, que se abriu, tragando-o. Pronto: estava no Orum, a morada dos deuses. Havia se tornado Orixá.

– Esse itã, particularmente, ensina o quanto a energia precisa ser canalizada para que não se torne destrutiva. A força bruta é burilada para construir. Também se pode pensar que, em um diálogo, não apenas se deve falar, mas também ouvir, mesmo que seja o silêncio, como no caso do relato. O itã também fala do crescimento por meio da dor, pois essa experiência extremamente dolorosa fez Ogum rever conceitos e atitudes e se tornar Orixá.

– Perceberam que na cultura iorubá o Orum está sob o chão, e não acima de nossas cabeças?

– Não é bonita a ideia de introspecção, de se aprofundar no interior de si mesmo para se encontrar? Mas, claro, estou falando em linhas gerais...

— Nunca havia pensado nisso — falou Selma, filha de Iansã com Ogum, também da *Casa Vovó Catarina de Angola*.

— Bom, pessoal, nosso tempo está terminado. Só tenho a agradecer a todos vocês, à Mãe Dolores, à Vovó Catarina, aos Orixás, em especial a nosso Pai Ogum. Que ele nos defenda sempre das energias negativas, em especial daquelas que nós mesmos criamos, e nos defenda de todos os que nos desejam mal. Respeita-se o livre-arbítrio desses irmãos, contudo, fortalecidos, como diz a Oração de São Jorge, "e nem mesmo o pensamento eles possam ter para nos fazer o mal".

— Costumo dizer que, quando alguém nos deseja o mal, seja com pensamentos, palavras ou trabalhos de magia deletéria, é como uma bexiga de água. Se nós estamos na mesma vibração, ela nos pega em cheio. Se não estamos, desviamos e não nos molhamos, ou alguns respingos caem em nós, mas secam logo.

— Enfim, já falei demais.

Risos na assistência.

— Mãe Dolores, a senhora faz a prece final?

— Não, Pedro, você mesmo faz.

— Então, meus irmãos, meus amigos, vamos nos concentrar e terminar com a Oração de São Jorge. Por favor, todos em pé. Saravá Ogum!

— Ogum iê, meu Pai!

III

# Umbanda:
# S.U.S da Espiritualidade

Maria Eudóxia era uma pessoa amargurada e a brutalidade em pessoa. Cambone havia oito anos na Casa, empurrava os Guias, tomava objetos das mãos de outros cambones, empurrava crianças que lhe pediam água, quando não lhes dizia: – "Sai pra lá, coisa feita!". Todos já haviam reclamado com o Guia Chefe da Casa, que aconselhava Eudóxia a rever seu comportamento. Nessas conversas, em particular, Eudóxia chorava muito, não se sabe se mais ou menos lágrimas do que já havia provocado em seus irmãos de fé.

A birra principal de Eudóxia era com Bernardo, também cambone, que havia chegado a Casa aproximadamente quatro anos após Eudóxia.

Quando o Guia Chefe da Casa avisou que Bernardo seria o cambone-chefe foi um pandemônio: Eudóxia balançava a cabeça negativamente, em sinal de desaprovação, e chegou a enviar um e-mail para Bernardo, dizendo: – "Você não é chefe de nada naquela Casa!", ao que ele respondeu: – "Não sou mesmo, minha irmã. Ali eu apenas, certo ou errado, e geralmente errado, procuro fazer cumprir as determinações do Guia Chefe da Casa".

Depois do e-mail, Bernardo conversou com o Guia Chefe e combinaram que o termo utilizado para a função de serviço seria "responsável pelos cambones", ao que o Guia Chefe, o Caboclo Sete Flechas, acrescentou sorrindo: – "É muito cacique pra pouco índio, filho. Tenha paciência...".

Paciência era o que Bernardo mais tinha. E não podia ser diferente. No rascunho dos combinados entre os cambones, onde apareciam os deveres específicos sobre o responsável pelos cambones, Eudóxia leu que o mesmo não cambonearia, e sim supervisionaria a gira. Bernardo e os outros cambones mostraram a ela que isso não estava escrito no rascunho, mas Eudóxia não se deu por satisfeita e foi consultar Caboclo Sete Flechas a respeito. O Caboclo que, certamente, tinha ainda mais paciência do que Bernardo ouviu Eudóxia e pediu que reconsiderasse sua posição, que Bernardo já havia conversado com ele e que ela, Eudóxia, estava confundindo as coisas. Eudóxia chorou muito, argumentou, saiu da conversa com os olhos vermelhos.

Mas não se emendou. No Facebook estava um cartaz de um dos eventos públicos da Casa, no qual, em vez de "Tenda de Umbanda", aparecia "Templo de Umbanda". Eudóxia postou um comentário perguntando quando os parceiros aprenderiam a escrever o nome correto da Casa.

Além do comentário de Eudóxia se tornar público a todos os usuários, o cartaz em questão estava na página dos apoiadores do evento. Só não houve incidente diplomático porque a fama de Eudóxia ultrapassava as paredes do terreiro, e não era por fofoca não, mas por suas atitudes em público, em frente de quem fosse.

Muitos projetos da Casa foram suspensos por conflitos criados por Eudóxia: criticava as palestras públicas de Marcela, alterando trechos de sua fala, ou reproduzindo frases fora de contexto; faltava às dinâmicas de grupo entre os médiuns, que era para estreitar relacionamentos, e dizia aos médiuns novos que aquilo era uma grande besteira; reclamava dos textos de Ogã Cristóvão, publicados em um jornal umbandista, pois dizia que ele usava o nome de Deus para propagar o ódio; brigava com as crianças nos ensaios de Teatro que participavam com Andreia.

Por determinado tempo não houve mais palestras, nem dinâmicas de grupo, nem ensaios com crianças. Assim determinou o Caboclo, para que os filhos não ficassem tão expostos às críticas de Eudóxia e às energias negativas decorrentes das mesmas.

Cristóvão continuou a escrever para o jornal. De tipo caladão, mas sempre de bom humor e um dia declarou ao Caboclo Sete Flechas: – "Além de ser errado desejar que alguém morra, é melhor lidar com Eudóxia em vida mesmo, pai. Ela desencarna e ainda vem obsidiar a gente, em casa. Já pensou? Acho que estou evoluindo mais rápido convivendo com ela, Pai!". O Caboclo riu e pediu que tivesse paciência.

Thaís, médium nova na Casa que, em duas semanas, já havia sido vítima da língua ferina de Eudóxia em virtude de seu cabelo vermelho, ao final de uma gira perguntou a Bernardo, a quem já havia visto publicamente ser maltratado algumas vezes por Eudóxia, como conseguia conviver tão bem com aquela irmã e cambone.

– Não é tão bem assim, Thaís. Estou aprendendo. Há dias mais fáceis e dias mais difíceis. Ela é filha da casa tanto quanto eu, e "Seu Sete Flechas" não colocaria uma filha para fora. Jesus veio para os enfermos, não é o que diz? Aqui, todos nós estamos nos melhorando. Eudóxia tem muitas carências que, evidentemente, não justificam suas atitudes. Deveria buscar apoio psicoterapêutico, em complemento ao aprendizado espiritual, e não o faz. Mas, de um jeito ou de outro, está se tratando como eu e você. Aliás, a Umbanda não é uma espécie de S.U.S da Espiritualidade, bancos cheios na assistência, fichas e espera para atendimento, por vezes poucos "funcionários", isto é, médiuns, para atender?

Thaís riu e completou:

– Bernardo, talvez Eudóxia, quando desencarnar, como naquela cena do filme "Nosso Lar", descubra que você foi um dos poucos que rezou por ela.

– Seja você mais uma, Tatá... E me dê um abraço, que tenho de ir. Amanhã eu madrugo, e você sabe...

IV

# A Bandeira de Oxalá

O Hino da Umbanda, cantado em quase todas as Casas (no início ou no final das giras, bem como em ocasiões especiais), foi composto por José Manuel Alves, quem, em 1960, procurou o Caboclo das Sete Encruzilhadas, em Niterói, vindo de São Paulo, desejoso de ser curado da cegueira, o que não aconteceu, em virtude de compromissos cármicos de José Manuel.

Tempos depois, José Manuel tornou a procurar o Caboclo das Sete Encruzilhadas e lhe apresentou uma canção em homenagem à Umbanda, tomada pelo Caboclo como Hino da Umbanda. Em 1961 o Hino foi oficializado no 2º. Congresso de Umbanda.

A letra:

*Refletiu a Luz Divina*
*Com todo seu esplendor*
*É do reino de Oxalá*
*Onde há paz e amor*
*Luz que refletiu na terra*
*Luz que refletiu no mar*
*Luz que veio de Aruanda*
*Para tudo iluminar*
*A Umbanda é paz e amor*
*É um mundo cheio de Luz*
*É a força que nos dá vida*
*E a grandeza que nos conduz.*
*Avante, filhos de fé*
*Como a nossa lei não há*
*Levando ao mundo inteiro*
*A bandeira de Oxalá.*

O Hino sintetiza as características gerais da Umbanda, bem como sua missão. A Umbanda vem do plano espiritual para iluminar e acolher e vem na linha de Oxalá, sob as bênçãos do Mestre Jesus, para fortalecer a todos e auxiliar a cada um a desenvolver o Cristo interno.

No acolhimento que faz a encarnados e desencarnados, a Umbanda convida a todos a encontrar a paz individual e coletiva. O exercício do amor em todos os níveis, a verdadeira caridade que não se reduz apenas ao assistencialismo, vibra em consonância com os ensinamentos do Mestre Jesus.

A mensagem de Umbanda estende-se pela terra e pelo mar, abençoada e orientada pelos Orixás.

Trilha espiritual e religião ecológica, a mensagem da Umbanda valoriza a magia e o poder dos elementos em favor do equilíbrio e da evolução de cada um e do Planeta. A luz (fogo) vem de Aruanda (ar, dimensões), reflete na terra, no mar (água), disponibiliza-se a todos: a mesma luz que brilha em Aruanda (plano espiritual elevado) brilha também para todo espírito, encarnado ou desencarnado, guardadas as devidas proporções e adequações a cada plano e a cada indivíduo.

Dentre as práticas da Umbanda não está o proselitismo. Por isso as portas dos templos estão sempre abertas a todos, sem distinção. Há quem prefira participar de algumas giras, e receber conselhos, sugestões, Axé e voltar agradecido para sua casa, sua religião, suas práticas espirituais.

A lei da Umbanda é o amor e a caridade e, de fato, como essa lei (evidentemente, não exclusiva à Umbanda), não existe outra. Nesse sentido, levar ao mundo inteiro a bandeira de Oxalá significa compartilhar no cotidiano, nas mais diversas circunstâncias, o amor e a paz, não forçar alguém, o mundo à conversão ou ao comparecimento a giras (o que, aliás, nenhum umbandista consciente faz), nem tentar impor "a minha" Umbanda como "verdadeira". A graça da Umbanda está na diversidade. Se conjugo "a minha" Umbanda à "sua", à "dele", à "dela", juntos, teremos UmBanda.

Que a bandeira de Oxalá cubra a todos nós, auxiliando a cada um a cultivar o Cristo interno! Que o Hino da Umbanda vibre sempre em nossos corações!

# V

# Maria Alice

— Tio, deixa eu falar...

— Diga lá, Maria Alice...

— Tio, quem são as crianças que vêm brincar com a gente, principalmente na festinha de Cosme e Damião?

Maria Alice é uma espoleta, com o sorriso mais largo que já entrou no congá, pensou Pedro, responsável pelos encontros semanais com as crianças. Oito anos de muita energia, alegria e sabedoria.

— Bem, Maria Alice, vou tentar explicar...

— Tio, se não souber explicar, o senhor desenha que eu gosto mais...

— O tio não desenha muito bem, vou tentar explicar com palavras mesmo, está bem, querida?

— Tá bom, tio!

— São conhecidos como Crianças, Ibejis, Ibejada, Dois-Dois, Erês, Cosminhos e outros tantos nomes que representam na Umbanda a alegria mais verdadeira, a da criança (seja a de idade cronológica ou a criança interior de cada um, pois todo adulto já foi criança, embora nem sempre se lembre disso). São espíritos que optaram por essa roupagem porque geralmente desencarnaram com pouca idade terrena.

– Ah, porque em outras vidas eles também foram outras coisas, né, tio?

– Exatamente, Maria Alice... Nós não aprendemos que o Caboclo das Sete Encruzilhadas foi um padre católico, numa de suas encarnações? Então, o Cosminho também pode ter sido adulto numa de suas encarnações.

– Daí ele pode ter sido bombeiro, padeiro, professor, né, tio?

– Isso, Maria Alice. – Pedro riu gostoso.

– Então conta mais, tio!

– Ok. São bastante respeitados pelos Guias e pelos Orixás em geral. No Candomblé, os Erês costumam falar pelos Orixás. Também no Candomblé eles têm nomes que lembram o Orixá regente da coroa do médium. Por exemplo, Pipocão e Formigão referem-se a Obaluaê, Folhinha Verde lembra Oxóssi, Rosinha...

– Deixa eu falar, tio! Rosinha é de Oxum, né, tio?

– É isso aí, Maria Alice! Na Umbanda também podem ter nomes relacionados ao Orixá regente da coroa do médium ou se apresentarem com nomes populares brasileiros, como Pedrinho.

— Será que tem uma Cosminha chamada Alice, tio?

— Bom, no Plano Espiritual eu não sei, mas na minha frente tem uma, aqui...

— Ah, tio! Você é tão legal... E os Cosminhos gostam de doce, como as crianças como eu, né, tio?

— Sim. Doces, balas, refrigerantes, sucos, etc. E, por influência do Candomblé, algumas Casas de Umbanda também servem caruru...

— Deixa eu falar, tio! Eu já comi e gostei...

— Que bom, Maria Alice... Bem, como no caso das crianças encarnadas, como você, esses irmãozinhos do Alto precisam amorosamente de limite e disciplina. As brincadeiras são animadas, mas isso não deve significar bagunça ou impedir comunicações. Alguns pulam, preferem brinquedos, choram, ficam mais quietinhos, enfim: são formas quase despercebidas de descarregar e equilibrar o médium, a Casa, a assistência.

— Festa boa precisa de ser organizada, né, tio?

— Certinho, Maria Alice! A alegria é um ótimo alimento, um bom remédio, e os Cosminhos trazem isso para todos nós. Aliás, os santos católicos Cosme e Damião eram médicos.

— E quando tem mesmo a festa, tio?

– Geralmente no dia de Cosme e Damião (27 de setembro), mas pode ser também na festa dos Santos: Crispim e Crispiniano (25 de outubro).

– Tio, eu posso ler um pedacinho que tem na apostila que você fez para o estudo dos grandes? Eu gosto bastante e trouxe a da minha mãe comigo...

– Claro. Vamos lá. Sei que você gosta de ler, e lê muito bem.

– Obrigada, tio!

## "O que é a Linha de Yori?"

"Espíritos evoluídos que se manifestam como crianças – serenas ou um pouco vivazes – compõem a Linha de Yori. A maioria gosta de se sentar ao chão, outros de andar de lá para cá. Apreciam bastante os doces. Seus pontos cantados ora são alegres, ora tristes, com constantes evocações ao Papai e à Mamãe do Céu.

As crianças ensinam ao mais sisudo dos médiuns e ou aos irmãos da assistência a importância da alegria, da leveza, do lúdico, do despertar e dos cuidados para com a criança interior. Além disso, lembram o respeito às crianças encarnadas, conforme o conselho do próprio Mestre Jesus, quando pede que deixem as crianças chegar até Ele.

Nas giras de alguns templos dão consulta. Em outras, interagem, conversam, benzem e cruzam os presentes. Sempre alegram e purificam o ambiente.

Em suas festas, em algumas Casas, por influência dos Cultos de Nação, é servido caruru, o qual é servido primeiro aos espíritos da Linha de Yori, depois às crianças encarnadas presentes, sendo que todos devem comer com as mãos. Depois o caruru é servido aos adultos, e eles comem usando os talheres ou, se preferirem, também comem com as mãos".

– Leu direitinho mesmo...

– Obrigada, tio!

– Parabéns, Maria Alice, sempre querendo aprender mais...

– Deixa eu falar, tio! E o tal do Doum? Desse eu não lembro bem...

– Ok, menina linda! Vamos lá! Na África, os Ibejis geralmente são associados aos gêmeos Taiwo ("o que sentiu o primeiro gosto da vida") e Kainde ("o que demorou a sair"), às vezes a um casal de gêmeos. A origem de seus pais também varia de história para história, contudo a mais conhecida os associam a Xangô e Oxum. Doum é a terceira criança, companheiro de Cosme e Damião, com os quais os Ibejis são sincretizados. O nome Doum vem da palavra da língua iorubá "Idowu", nome atribuído ao filho que nasce na sequência de gêmeos; relaciona-se também ao termo fongé "dohoun", que significa "parecido com", "semelhante ou igual a".

— Deixa eu falar, tio! Você não precisa explicar o que é "fongé". Só pode ser uma língua, que eu sei... Já entendi que o nome é "Do um", mas quer dizer "Terceiro". Às vezes as palavras complicam...

— É por aí, Maria Alice! Por isso a gente não pode se prender às palavras e deve aprender a falar, a ouvir e a ler com o coração...

— Deixa eu falar, tio! Já é hora do lanche ou a gente vai esperar as crianças que ainda não chegaram para o encontro?

— O que você acha Maria Alice?

— Bom, tio... Meu coração diz uma coisa, mas meu estômago diz outra...

VI

# Amor de Mãe

Quando o menino tinha 04 anos, morreu sua avó. Eram tão apegados que o menino teve encefalite, foi internado e passou maus bocados. A mãe, então, fez uma promessa a Nossa Senhora Aparecida. Então, a mãe, o pai e o menino foram à Aparecida, visitaram o Santuário e registraram o momento em uma foto que seria exposta a todos, sempre, em que os três aparecem com calças boca de sino.

Por volta dos 07 e 08 anos frequentava um terreiro de Umbanda dirigido por um casal de tios. A prima da mesma idade com quem mais brincava era de Oxum. A primeira vez que viu o mar, aos 08 anos, foi em uma festa de Iemanjá, no litoral paulista.

O menino sempre teve muita devoção por Nossa Senhora, em especial por Nossa Senhora Auxiliadora. Não à toa, aos 10 anos, entrou para o Seminário Salesiano, saiu aos 13 anos e, independentemente de dogmas ou conceitos religiosos, continuou sempre com essa devoção. Passou por diversas tradições espiritualistas e também por algumas religiões, em que sempre encontrou o amor materno, universal e compassivo.

Adulto, em uma das diversas estadas em Salvador, nas apresentações de Geronimo, emocionou-se com "É d´Oxum", de Vevé Calazans e do próprio Geronimo. E curtia a música na escadaria do Senhor dos Passos, no Pelourinho, no Carnaval, na Festa de Iemanjá, atrás do trio, onde fosse. Também começou a se arrepiar com acordes de outra canção de Geronimo, que nem conhecia, que dirá saber que também falava de Oxum, antes de ouvi-la pela primeira vez. Sentiu que era tempo de se voltar, de forma coletiva, para os Orixás que sempre respeitou especialmente seu Pai de Cabeça.

Ao jogar búzios sempre se manifestava a forte presença de Oxum. Entrou para um Ilê, onde saiu Ogã de Oxum, em uma cerimônia em que chorou muito. Era um renascimento.

Mudou-se de volta para sua cidade natal (morou em muitos lugares) e, ao visitar uma Casa de Umbanda, quando veio a Linha d´Água, e a Oxum de uma das dirigentes espirituais veio saudar a assistência, enquanto a curimba tocava e cantava "É d´Oxum", ele se emocionou muito e pensou: "Se me convidarem para trabalhar aqui, peço licença da Casa onde estou e venho para cá". Fez isso, com muita gratidão ao Candomblé e à sua formação de Ogã, que carrega para sempre, com sua dijina.

Batizou-se na Umbanda, em um lindo trabalho de cachoeira e mata, e sua Madrinha foi exatamente a Oxum da dirigente espiritual, tendo como Padrinho o Caboclo da Mãe Pequena, cuja Oxum também veio em terra no dia do Batismo e com a qual ele manteria forte vínculo espiritual vida afora.

E, nas giras, enquanto camboneia, quando vem a Oxum da dirigente espiritual, quase nunca tem tempo de ir saudá-la: ela se adianta, vem até onde está e o cruza com amor e sem pressa.

Se, por um lado, fica um tanto envergonhado por chamar a atenção, por outro se derrama de amor e gratidão a Oxum, pelos cuidados mil em sua vida e por saber que, como mãe zelosa e consciente, ama incondicionalmente, porém sem mimar seus filhos.

Sua cidade natal é conhecida por um rio caudaloso que a corta em duas, com lindas festas populares. E uma de suas maiores alegrias é, como filho do terreiro, entrar no rio e entregar o Balaio de Oxum, congregando Casas de Umbanda, Candomblé, Pastorais Afro, grupos de cultura popular e tantos segmentos religiosos e espiritualistas, todos irmanados pelo Amor Universal, pelo carinho e pelas carícias de Mamãe Oxum.

Em cada homenagem, mais gente, pontos de Umbanda, cantigas de Candomblé, canções litúrgicas de Nossa Senhora Aparecida e Música Popular Brasileira com temática sobre Oxum e Nossa Senhora Aparecida, além de lindas surpresas, como a "Salve Regina" ("Salve Rainha" em latim) para que a Mãe seja acarinhada de várias formas e todos os filhos se sintam em casa. A cada Balaio seu coração segue rio abaixo, sua alma se lava com a água mais cristalina.

Seu amor de filho, de Ogã e de afilhado se multiplica, pois acredita que tem de ser compartilhado com todos. Por esse motivo, encabeçou o projeto de lei responsável pela criação do Dia Municipal de Oxum, no quarto domingo de maio, Mês das Mães, para que todas as Casas de Umbanda e Candomblé, assim também os demais segmentos espiritualistas, religiosos ou culturais não se sentissem desprivilegiados em seus calendários. No texto, apresentado ao gabinete de uma vereadora, que, por sua vez, o levou a plenário, afirma:

> Este projeto de lei tem a finalidade de reconhecer, oficialmente no calendário do Município, o 'Dia de Oxum'; orixá de grande popularidade entre os seguidores de religiões afro-brasileiras e também respeitado por membros de outras religiões, pois é sincretizado com Nossa Senhora Aparecida.

Em seguida esclarece:

> Orixá do Amor, das águas doces e das cachoeiras, Oxum é tradicionalmente reverenciada com um balaio de flores às margens do rio, com participação de casas de Umbanda, Candomblé e irmãos da Pastoral Afro. Reconhecer oficialmente essa manifestação religiosa, ecumênica e cultural, no Mês das Mães, de modo a não privilegiar o calendário específico de nenhuma religião ou casa, representa, para a população do município, chamar a atenção para a importância de nosso rio, sua história, suas necessidades e a importância da população ribeirinha.

No dia da aprovação do projeto, velas amarelas, azul-royal e rosa se acenderam no coração de cada presente no plenário, conforme a forma como cada qual cultua a Mãe Amorosa dos Rios e das Cachoeiras, todos irmanados sob o manto de Oxum e a chuva de bênçãos que emana de seu coração.

E o menino que um dia teve encefalite continua a entregar outros Balaios a Oxum, em forma de teatro, filmes, livros, poemas. E ela sempre acolhe tudo, com sorriso e amor de mãe.

# VII

# Palavras de Doutor

– "Me chamam de Malandro, mas o que é ser Malandro? É beber até cair, ter um monte de mulheres e, na verdade, não ter nenhuma, roubar até ser pego?". Não, não é dessa Malandragem que Seu Zé é feito. Encarnado, tive muitas experiências como vocês, positivas e negativas. Em espírito ("morto", se quiserem), procuro com alegria levar todos ao caminho da felicidade, o qual só pode ser trilhado por cada um. Não vai ser Seu Zé que vai caminhar por vocês.

– A vida precisa ser trilhada com sabedoria. Malandragem é saber dançar conforme as possibilidades e sem perder o passo, é jogar capoeira e aprender a cair para não cair, é não perder tempo com besteira, com supérfluo, com suposições e aproveitar cada instante, fazendo comungar o corpo e o espírito. Isso é Malandragem.

– Malandro não tira nada de ninguém, mas está por perto quando a fruta mais doce cai, quando a flor mais linda brota, quando o vento melhor passa, quando a chuva mais refrescante desce do céu. Malandragem é estar no aqui e agora, sem se deixar escravizar.

— Seu Zé, dizem, é Advogado dos Pobres. Eu não pego causa para perder. Eu brigo para ganhar. Então, não me venham pedir aquilo que Deus, Nosso Pai Oxalá, o Senhor do Bonfim e, claro, Xangô sabem que não é justo porque eu não vou nem perder meu tempo. Vocês acham que enganam a quem? A mim é que não é. Muito menos a Deus, Oxalá, Xangô e à Banda de cada um.

— Pensam que ser Malandro é ser vagabundo? Quem pensa assim não espere que Seu Zé vá advogar nem me chame de Doutor. Malandro trabalha, e muito, mas sabe trabalhar, e trabalha direito. Em muitas Casas Seu Zé vem na Linha da Bahia. O povo baiano, na Terra, é muito discriminado e chamado de folgado, muitas vezes pelo turista que pula carnaval não sei quantos dias enquanto tantos baianos, lá em Salvador, trabalham para que possam se divertir. E na Bahia não tem cozinheira, prédio, motorista, varreção de rua?

— Na Espiritualidade, Baiano também trabalha muito, mas, repito, com sabedoria. Vocês conhecem aquele ponto "Baiano bom, baiano bom, baiano bom é o que sabe trabalhar. Baiano bom é o que sobe no coqueiro, tira coco, bebe a água e bota o coco no lugar". Vocês acham que alguém ensina Baiano a trabalhar? Quem quiser ensinar é porque não está trabalhando em seu favor e fica olhando a colheita do próximo.

— Malandragem é não se expor. Malandro não entrega o ouro nem o exibe para o ladrão. Quanta gente perde tempo com papagaiada, com maledicência, com ações obscuras pensando que expõe os outros. Expõe é a própria falta de caráter, de amor-próprio, de felicidade.

— Malandro não se acha esperto. Ou é sábio ou não é. Não tem meio-termo. Como é na capoeira, prepara a queda, quando sabe que vai cair. E se levanta.

— Seu Zé não usa bengala porque não sabe andar. Seu Zé usa bengala para tatear onde não é besta de tocar com as mãos ou pisar. Claro que a bengala tem outras funções, inclusive numa gira, mas sei que vocês entenderam.

— Ser Doutor não é distinção, mas serviço. Não adianta ter o título e não ter a postura de Doutor, perder aquilo que está sob sua responsabilidade. Não é o título que importa, e sim as atitudes. O título não torna ninguém melhor, as atitudes sim, mas não melhor do que os outros, e sim melhor do que se era ontem, o melhor de si mesmo. Isso é evolução. De que vale o tamanho do coco se não tem água, a carne é seca e dura e se cai na cabeça de quem tenta tirá-lo do pé?

— Se Seu Zé é respeitado na Direita e na Esquerda como aquele outro ponto diz (hoje Seu Zé está trabalhando tanto que está até cantando no lugar da curimba)

"Eu me chamo Zé Pelintra, nego do pé esfarrapado. Na Direita ou na Esquerda, seu serviço é aprovado." É porque o trabalho do Seu Zé se faz respeitar. Isso é ser Malandro. Só não sei por que as pessoas têm de se incomodar com os pés do Seu Zé, se são assim, se são assado. Mas isso deve ser porque antigamente os negros pobres, escravos ou descendentes, andavam descalços, deformavam os pés e não conseguiam calçar os sapatos quando acabavam conhecendo sapatos.

— A vida tem explicação, a Espiritualidade tem explicação e muita lógica, mas nem tudo se compreende, ou melhor, se compreende somente aquilo para o qual se está preparado, conforme as possibilidades de cada etapa evolutiva. Na carne, uma compreensão, no espírito, outra, de acordo com os degraus, as vivências. Por isso vocês também cantam "Seu Zé Pelintra, onde é que o senhor mora Seu Zé Pelintra, onde é sua morada. Eu não posso lhe dizer, porque você não vai me compreender. Eu nasci no Juremá, minha morada é bem pertinho de Oxalá".

— Depois dizem que Baiano não trabalha... Seu Zé já trabalhou, cantou, dançou, falou. Fiquem na fé de Oxalá, que Nosso Senhor do Bonfim traga a cada um aquilo que se espera e pelo qual se trabalha com fé, devoção e amor, conforme o merecimento. Ajam com sabedoria, não por impulso. Fiquem na fé de Oxalá, que Seu Zé vai na fé dele.

# VIII

# Mas como é grande a família do diabo

— Pai, eu ainda tenho medo da Esquerda...

— Olhe filho, no início eu também tinha. Embora tenha crescido em família umbandista, eu ficava um pouco assustado com as cores, as risadas.

Pai Luisinho abria o coração para Fabiana, ambos estavam sentados sob uma figueira centenária, no quintal do "Cantinho dos Orixás Pai Benguela". Esperava, assim, pela empatia, abrandar os medos da filha de santo.

— Eu até já entendi o que o senhor fala – o que Pai Benguela explica, mas não sei, é um sentimento de culpa, de fazer algo estranho, de a sociedade nos olhar com os olhos tortos.

— Os olhos dos irmãos a gente não endireita, filha. A gente pode endireitar o nosso olhar sobre eles – riu

Pai Luisinho. Exus e Pombagiras mesmo, aqueles com quem nós trabalhamos e que são chamados de Guardiões não fazem mal a ninguém, não compactuam com o mal. Atuam nas sombras para fazer valer a luz. Anulam, quebram energias negativas para que o mal não prevaleça.

— Eu sei Pai...

— Então, o que é minha filha?

— Não sei bem... Ah, por exemplo, sabe aquele ponto: "Plantei jiló, colhi quiabo. Mas como é grande a família do diabo"?

— Sei minha filha — riu Pai Luisinho. E, para não haver interpretações errôneas, não cantamos esse ponto em nosso terreiro. Mas ele precisa ser entendido dentro do contexto. Além disso, alguns mais velhos, tanto de Umbanda quanto de Candomblé, às vezes, ainda chamam Exu de Diabo, Escravo, etc. Isso confunde um pouco, eu sei.

— Ponha confusão nisso, Pai...

— Como você sabe na Umbanda em vez de se cultuar diretamente o Orixá Exu, é mais comum o culto aos Exus e às Pombagiras, trabalhadores da Esquerda, oposto complementar da Direita.

Ao longo da História, o conceito de esquerdo/esquerda foi de exclusão e incompreensão. Alguns exemplos: pessoas canhotas vistas de modo suspeito por olhos de parte do Clero e da população da Idade Média. Em francês, esquerdo/esquerda é *gauche*, que também significa atrapalhado, destoante. Em italiano, esquerdo/esquerda é *sinistro/sinistra*, conceitos que remetem a algo estranho, obscuro.

— É verdade, o pessoal da Idade Média perseguia os canhotos como fazia com as bruxas, não é, Pai?

— Sim. Aliás, as bruxas eram mulheres sábias. A sociedade e suas esferas (religião, política, etc.) masculina e machista tinham medo delas. Certamente houve mulheres voltadas para a magia do mal, porém, em princípio, as chamadas bruxas e suas vassouras ritualísticas, chapéus, roupas pretas, etc. cultuavam os aspectos masculino e feminino do Cosmo, e nada mais. Ainda hoje nossos irmãos wicanos não sofrem preconceito? E, no passado, os líderes políticos e religiosos não se apropriaram de nomes de ervas como língua de vaca e sustentaram que as bruxas usavam partes de animais ou seres humanos para rituais macabros? Mas, voltando à Esquerda...

— Não tenha pressa, Pai. Adoro aprender...

— Exus e Pombagiras são incompreendidos e vítimas de ingratidão, filha. Costuma-se, por exemplo, valorizar o médico, e não o lixeiro. Contudo, ambos profissionais são extremamente importantes para a manutenção da saúde de cada indivíduo e da coletividade.

Em termos espirituais, a Esquerda faz o trabalho mais pesado de desmanches de demandas, de policiamento e proteção de templos (portanto, toda casa de oração tem os seus Exus), de limpeza energética, enfim. No anonimato, com nomes genéricos e referentes à linha de atuação aos Orixás para os quais trabalham, Exus e Pombagiras são médicos, conselheiros, psicólogos, protetores, exercendo múltiplas funções que podem ser resumidas em uma palavra: Guardiões.

– Trabalho não falta para eles...

– Não falta mesmo, filha.

– Mas por que, Pai, em pinturas mediúnicas, por exemplo, aparecem com fisionomia, digamos, mais normal, quero dizer, mais próxima da humana, e nas lojas especializadas e templos de Umbanda, nas tronqueiras, temos aquelas imagens que se parecem mais com diabinhos?

Pai Luisinho riu gostosamente.

– Algumas Casas não usam mais essas imagens, filha, mas a maioria usa, sim. Vou tentar responder... Os símbolos de Exu pertencem a uma cultura diversa à cultura do universo cristão. Nela, por exemplo, a sexualidade não se associa ao pecado e, portanto, símbolos fálicos são mais evidentes, ligados tanto ao prazer quanto à fertilidade, enquanto o tridente representa os caminhos, e não algo infernal. O mesmo se pode dizer, por exemplo, do dragão presente nas imagens de São Miguel e São Jorge: enquanto no Ocidente cristão representa o mal, em várias culturas do Oriente o dragão é símbolo de fogo e força espiritual.

— Choque cultural... Interessante, Pai...

— Mas não é só isso... Na área de atuação de Exus e Pombagiras são solicitados elementos semelhantes aos utilizados por eles (capas, bastões, etc.) ou que os simbolizam (caveiras, fogo, etc.), vibrações cromáticas específicas (vermelho e preto) e outros.

— Sim, eles trabalham com barra pesada, em ambientes pesados...

— Exatamente... Do ponto de vista histórico e cultural, quando as comunidades que cultuavam Orixás perceberam, além da segregação, o temor daqueles que os discriminavam, assumiram conscientemente a relação entre Exu e o Diabo cristão, assim representando-o, tal qual mecanismo de afastar de seus locais de encontro e liturgia todo aquele que pudesse prejudicar suas manifestações religiosas. Nesse sentido, muitos dos nomes e pontos cantados de Exu do ponto de vista espiritual (energias e funções) e cultural-histórico são "infernais".

— Nunca havia pensado nessa última parte...

— Pois é, filha... É um conjunto de razões, geralmente combinadas.

— Também, Pai, muita gente usa o termo Quimbanda para se referir aos trabalhos de magia deletéria, criando mais confusão.

— Sim, Fabiana. A Esquerda também é conhecida como Quimbanda, o que não deve ser confundido com

Quiumbanda, isto é, trabalho de quiumbas, espíritos de vibrações deletérias, que não são os Exus e Pombagiras, trabalhadores da Umbanda e ou Guardiões de outras tradições religiosas e ou espirituais. Para diferenciá-los, muitos preferem chamar os Exus e Pombagiras da Umbanda de "Exus batizados". Essa classificação compreende os seguintes níveis: Exu Pagão (não sabe distinguir o Bem do Mal; contratado para alguma ação maléfica, se apanhado e punido, volta-se contra quem lhe encomendou e pagou o trabalho); Exu Batizado (diferenciam o Bem do Mal, praticam ambos conscientemente e estão a serviço das Entidades, evoluindo na prática do Bem, contudo conservando suas forças de cobrança. Para muitos, contudo, os Exus Batizados são aqueles que trabalham somente para a Luz, agindo em nome dos Orixás, Guias e Entidades). Exu Coroado (por mérito e evolução, pode apresentar-se como elemento da Direita).

– Veja minha filha, que o vocábulo português "pagão", em sua origem, não tem a acepção negativa de "não cristão", mas "aquele que vem do campo" (por isso a Wicca se denomina orgulhosamente religião pagã).

– Puxa, não conhecia o termo "Quiumbanda". Isso que o senhor falou acerca de "pagão", essa diferenciação toda, também é muito legal.

– Palavras têm poder, filha...

– Verdade, Pai, verdade...

— Quanto aos Exus propriamente ditos, quando encarnados, geralmente tiveram vida difícil, como boêmios, prostitutas e ou dançarinas de cabaré (caso de muitas Pombagiras), em experiências de violência, agressão, ódio, vingança. Conforme dito acima, são agentes da Luz atuando nas trevas. Praticando a caridade, executam a Lei de forma ordenada, sob a regência dos chefes e em nome dos Orixás. Devem ser tratados com respeito e carinho, à maneira como se tratam amigos, e não com temor.

Eles são não apenas Guardiões durante as giras e as consultas e atendimentos que dão nas giras de Esquerda, são os senhores do plano negativo ("negativo", Fabiana, não possui nenhuma conotação moral ou de desvalor), responsabilizam-se pelos espíritos caídos, sendo, ainda, cobradores dos carmas. Combatem o mal e estabilizam o Astral na escuridão. Cortam demanda, desfazem trabalhos de magia negra, auxiliam em descarregos e desobsessões, encaminham espíritos com vibrações deletérias para a Luz ou para ambientes específicos do Astral Inferior, a fim de se reabilitarem e seguirem a senda da evolução.

— De novo, Pai: serviço não falta...

— E também sobra ingratidão para eles, filha... A respeito do que você falou – das diferentes formas como são representadas as imagens e as pinturas mediúnicas – a roupa dos Exus é geralmente preta e vermelha. Capas, bengalas, chapéus e instrumentos (punhais) podem igualmente ser utilizados na forma de acessórios.

Na posição de soldados e policiais do Astral, os Exus utilizam uniformes apropriados para batalhas, diligências e outros. Suas emanações, quando necessário, são pesadas e intimidam.

Em outras circunstâncias, apresentam-se de maneira elegante. Sua roupagem fluídica depende de vários fatores: evolução, função, missão, ambiente, etc. Podem, ainda, assumir aspecto animalesco, grotesco, possuindo grande capacidade de alterar sua aparência.

Os Exus são alegres e brincalhões e, ao mesmo tempo, dão e exigem respeito. Honram sua palavra, buscam constantemente sua evolução. Na forma de Guardiões se expõem a choques energéticos. Enquanto Espíritos caridosos trabalham principalmente em causas ligadas a assuntos mais terrenos. Se eles aparentam dureza, franqueza e pouca emotividade, em outros momentos, conforme as circunstâncias, eles se mostram amorosos e compassivos, afastando-se, porém, daqueles que visam atrasar sua evolução. Suas gostosas gargalhadas não são apenas manifestações de alegria, mas também potentes mantras desagregadores de energias deletérias, emitidos com o intuito de equilibrar especialmente pessoas e ambientes.

– É como disse, ainda tenho medo das gargalhadas...

– Muita gente tem medo, filha, e não somente das gargalhadas de Exus e Pombagiras, mas da própria gargalhada, medo de rir e de ser feliz.

Gargalharam juntos.

— E, com gargalhadas, Esquerda é questão muito séria, filha. É importante o consulente conhecer a Casa que frequenta, para que não se confunda Exu e Pombagira com quiumbas. Pela Lei de Ação e Reação, pedidos e comprometimentos feitos visando ao mal e desrespeitando o livre-arbítrio serão cobrados.

Quanto às Casas, a fim de evitar consulentes desavisados, algumas optam por fazer giras de Esquerda fechadas, enquanto outras as fazem abertas, mas quase sempre com pequena preleção a respeito da Esquerda. Mas vamos falar um pouco das Moças não é, filha?

— Claro! Nada mais justo...

— O termo Pombagira é uma corruptela de Bombojira que em terreiros bantos significa Exu, vocábulo que, por sua vez, deriva do quicongo mpambu-a-nzila (em quimbundo, pambuanjila), com o significado de "encruzilhada".

Elas trabalham com o desejo, especialmente o sexual, freando os exageros e deturpações sexuais dos seres humanos (encarnados ou desencarnados), direcionando a eles a energia para aspectos construtivos. Algumas delas, em vida, estiveram ligadas a várias formas de desequilíbrio sexuais: pela Lei de Ação e Reação, praticando a caridade, evoluem e auxiliam outros seres a evoluírem.

— Das Moças eu nunca tive medo...

– Que bom, Fabiana! São alegres, divertidas, simpáticas, conhecem a alma humana e suas intenções. Sensuais e equilibradas, descarregam pessoas e ambientes de energias viciadas. Gostam de dançar.

Infelizmente, são bastante confundidas com quiumbas e consideradas responsáveis por amarrações de casais, separações e outros, quando, na verdade, seu trabalho é o de equilibrar as energias do desejo. Exemplo: quando alguém é viciado em sexo (desequilíbrio), elas podem encaminhar circunstâncias para que a pessoa tenha verdadeira overdose de sexo, de modo a esgotá-la e poder trabalhá-la para o reequilíbrio. Do mesmo modo que os Exus, de caráter masculino, as Pombagiras são agentes cármicos da Lei.

– E, quando se fala em sexo são muitos os tabus...

– Os tabus, os medos, os preconceitos, os exageros de todas as formas. As pessoas ainda temem o corpo, filha, elas pensam que para crescer espiritualmente precisam negar o próprio corpo, o corpo do outro, enfim.

Geralmente o senso comum associa as Pombagiras a prostitutas. Se muitas delas estão resgatando débitos relacionados à sexualidade, isso ocorre, contudo, não apenas por promiscuidade e pelas consequências energéticas e de fatos decorrentes da mesma, mas também pela abstinência sexual ideológica e religiosamente imposta, caso de muitas mulheres que professaram votos celibatários, mas foram grandes agressoras de crianças, pessoas amarguradas praguejando contra mulheres com vida sexual ativa, etc.

— Nossa, a loucura pode estar em toda parte!

— A redenção também, filha...

— Mas, afinal, Pai, existe o Diabo?

— Bem, o mal existe, ainda é deste mundo. As formas de personificá-lo variam. Por exemplo, muitos umbandistas, certamente por influência católica, acreditam em Lúcifer bíblico, anjo caído, como o Maioral dos Diabos, digamos assim. Particularmente, e isso é a minha visão, filha, acredito que semelhante atrai semelhante, espíritos trevosos se unem e se submetem a uma hierarquia rígida.

— Os nomes de alguns Exus também se confundem com nomes atribuídos ao Diabo ou a demônios, não é Pai Luisinho?

— Sim, filha, e aí cabe uma pesquisa aprofundada dos porquês, além daqueles dos quais já falei.

— Bom, a família do Diabo eu não sei, mas a família de Exu eu já percebi é bem grande...

Gargalhadas. — E não apenas no plano físico.

# IX

# Dia Municipal da Umbanda

Palestra de Pai Joãozinho de Oliveira em comemoração ao Dia Municipal da Umbanda, na Câmara Municipal de Estância da Paz, por ocasião do 110º Aniversário da Umbanda, em 15 de novembro de 2018.

Senhor Presidente, demais membros da mesa, todos os presentes:

Meus irmãos!

Que o manto branco de Oxalá cubra a nós todos e purifique nossos corações e mentes de tudo aquilo que possa atrapalhar este momento tão importante, de fraternidade, em que nós, umbandistas, nos reunimos aqui com irmãos de tantas denominações religiosas diferentes, ateus, agnósticos, não importa: somos todos irmãos.

Que Xangô abençoe esta Casa de Leis e o trabalho dos nobres vereadores, para que todos sempre trabalhem realmente por nosso povo.

Como é significativo estarmos aqui, esta noite, em plena Câmara Municipal, com irmãos filmando, gravando, fotografando, e não escondidos, ao fundo da senzala, como nossos antepassados, cultuando, às escondidas, nossos Orixás. Desse período ao mesmo tempo doloroso e tão bonito de resistência nasceu o Candomblé, religião irmã da Umbanda, e vieram nossos amados Pretos Velhos, que nos ensinam não a sublimar, mas a transcender a dor.

Meus irmãos, eu estou aqui hoje para dar uma pequena contribuição. A Umbanda é riquíssima em sua diversidade, portanto seria muita pretensão minha apresentar e representar a Umbanda. Apenas apresento um mosaico. Agradeço o apoio de meus filhos e dos demais terreiros de Estância da Paz, sempre de portas abertas para todos.

O cerimonial foi bastante generoso e me deu bastante tempo, pelo que peço paciência, pois a oportunidade é, de fato, bastante especial para nós, e procurarei aproveitar com sabedoria.

A princípio, farei um breve histórico de como a Umbanda se manifestou no plano físico (certamente é muito mais antiga na Espiritualidade e mesmo em manifestações terrenas, como semente do que hoje chamamos de Umbanda). Esse histórico é para que irmãos que desconhecem nossa religião se situem melhor.

A seguir, falarei um pouquinho de como a Umbanda se posiciona e se relaciona com os demais segmentos religiosos e espiritualistas no chamado Terceiro Milênio. Acredito que os slides ajudem a todos a compreenderem melhor e a não dormirem. Agradeço à Milene, que está lá atrás, na cabine, apresentando os slides.

Vamos lá.

Bem, como eu disse, este é um breve histórico do nascimento oficial da Umbanda, embora, antes da manifestação do Caboclo das Sete Encruzilhadas e do trabalho de Zélio Fernandino, houvesse atividades religiosas semelhantes ou próximas, no que se convencionou chamar de macumba.

No Astral, a Umbanda se antecipa em muito ao ano de 1908 e diversos segmentos localizam sua origem terrena em civilizações e continentes que já desapareceram.

A palavra "macumba", para nós, não apresenta sentido negativo. Macumba é nome genérico e geralmente pejorativo (não para nós, claro) com que se refere às religiões afro-brasileiras, macumba foi também uma manifestação religiosa, no Rio de Janeiro, que em muito se aproximava da cabula. O chefe do culto também era conhecido como embanda, umbanda ou quimbanda, tendo como ajudantes cambonos ou cambones. As iniciadas eram conhecidas ora como filhas-de-santo (influência jeje-nagô), ora como médiuns (influência do espiritismo).

Orixás, Inquices, caboclos e santos católicos eram alinhados em falanges ou linhas, tais quais a da Costa, de

Umbanda, de Quimbanda, de Mina, de Cambinda, do Congo, do Mar, de Caboclo, Cruzada e outros.

De origem banta, porém com étimo controvertido, macumba poderia advir do quimbundo "macumba", plural de "dikumba", significando "cadeado" ou "fechadura", em referência aos rituais de fechamento de corpo. Ou ainda viria do quicongo "macumba", plural de "kumba", com o sentido de "prodígios", "fatos miraculosos", em referência à cumba, feiticeiro. Com outras raízes etimológicas, no Brasil, o vocábulo designou, ainda, um tipo de reco-reco e um jogo de azar.

Para se dissociar do sentido pejorativo, o vocábulo macumba tem sido utilizado nas artes em geral com valor positivo.

Depois dessa pequena viagem com a palavra macumba, voltemos à Umbanda, ao nosso querido Zélio e às primeiras manifestações, digamos, oficiais (o termo não é exato, mas ajuda a compreender o histórico).

Zélio Fernandino de Moraes, um rapaz de 17 que se preparava para ingressar na Marinha, em 1908 começou a ter aquilo que a família, residente em Neves, no Rio de Janeiro, considerava ataques. Os supostos ataques colocavam o rapaz na postura de um velho, que parecia ter vivido em outra época e dizia coisas incompreensíveis para os familiares; em outros momentos, Zélio parecia uma espécie de felino que demonstrava conhecer bem a natureza.

Após minucioso exame, o médico da família aconselhou fosse ele atendido por um padre, uma vez que considerava o rapaz possuído. Um familiar achou melhor levá-lo a um centro espírita, o que realmente aconteceu: no dia 15 de novembro Zélio foi convidado a tomar assento à mesa da sessão da Federação Espírita de Niterói, presidida à época por José de Souza.

Tomado por força alheia à sua vontade e infringindo o regulamento que proibia qualquer membro de se ausentar da mesa, Zélio se levantou e declarou: – "Aqui está faltando uma flor". Deixou a sala, foi até o jardim e voltou com uma flor, que colocou no centro da mesa, o que provocou alvoroço.

Na sequência dos trabalhos, espíritos se apresentando como negros, escravos e índios se manifestaram nos médiuns. O diretor dos trabalhos, então, alertou os espíritos acerca de seu atraso espiritual, como se pensava comumente à época, e os convidou a se retirarem. Novamente uma força tomou Zélio e advertiu: – "Por que repelem a presença desses espíritos, se nem sequer se dignaram a ouvir suas mensagens? Será por causa de suas origens sociais e da cor?".

Durante o debate que se seguiu, procurou-se doutrinar o espírito, que demonstrava argumentação segura e sobriedade. Um médium vidente, então, lhe perguntou: – "Por que o irmão fala nestes termos, pretendendo que a direção aceite a manifestação de espíritos que, pelo grau de cultura que tiveram, quando encarnados, são claramente atrasados? Por que fala deste modo, se estou vendo que me dirijo neste momento a um jesuíta e a sua veste branca reflete uma aura de luz? E qual o seu nome, irmão?" Ao que o interpelado respondeu: – "Se querem um nome, que seja este: sou o Caboclo das Sete Encruzilhadas, porque para mim não haverá caminhos fechados. O que você vê em mim, são restos de uma existência anterior. Fui padre e o meu nome era Gabriel Malagrida. Acusado de bruxaria, fui sacrificado na fogueira da Inquisição em Lisboa, no ano de 1761. Mas em minha última existência física, Deus concedeu-me o privilégio de nascer como caboclo brasileiro".

A respeito da missão que trazia da Espiritualidade, anunciou: – "E julgam atrasados os espíritos de pretos e índios, devo dizer que amanhã estarei na casa de meu aparelho, às 20 horas, para dar início a um culto em que estes irmãos poderão dar suas mensagens e, assim, cumprir missão que o Plano Espiritual lhes confiou. Será uma religião que falará aos humildes, simbolizando a igualdade que deve existir entre todos os irmãos, encarnados e desencarnados".

Com ironia, o médium vidente perguntou-lhe: – "Julga o irmão que alguém irá assistir a seu culto?" O Caboclo das Sete Encruzilhadas lhe respondeu: – "Cada colina de Niterói atuará como porta-voz, anunciando o culto que amanhã iniciarei". E concluiu: – "Deus, em sua infinita Bondade, estabeleceu na morte o grande nivelador universal, rico ou pobre, poderoso ou humilde, todos se tornariam iguais na morte, mas vocês, homens preconceituosos, não contentes em estabelecer diferenças entre os vivos, procuram levar essas mesmas diferenças até mesmo além da barreira da morte. Por que não podem nos visitar esses humildes trabalhadores do espaço, se apesar de não haverem sido pessoas socialmente importantes na Terra, também trazem importantes mensagens do além?".

No dia seguinte, 16 de novembro, na casa da família de Zélio, à Rua Floriano Peixoto, 30, perto das 20h, estavam os parentes mais próximos, amigos, vizinhos, membros da Federação Espírita e, fora da casa, uma multidão. Às 20h manifestou-se o Caboclo das Sete Encruzilhadas e declarou o início do novo culto, no qual os espíritos de velhos escravos, que não encontravam campo de atuação em outros cultos africanistas, bem como de indígenas nativos do Brasil trabalhariam em prol dos irmãos encarnados, independentemente de cor, raça, condição social e credo. No novo culto, encarnados e desencarnados atuariam motivados por princípios evangélicos e pela prática da caridade.

O Caboclo das Sete Encruzilhadas também estabeleceu as normas do novo culto: as sessões seriam das

20h às 22h, com atendimento gratuito e os participantes uniformizados de branco. Quanto ao nome seria Umbanda: Manifestação do Espírito para a Caridade. A Casa que se fundava teria o nome de *Nossa Senhora da Piedade*, inspirada em Maria, que recebeu os filhos nos braços. Assim, a Casa receberia todo aquele que necessitasse de ajuda e conforto. Após ditar as normas, o Caboclo respondeu a perguntas em latim e alemão, formuladas por sacerdotes ali presentes. Iniciaram-se, assim, os atendimentos, com diversas curas, inclusive a de um paralítico.

No mesmo dia, manifestou-se em Zélio um Preto Velho chamado Pai Antônio, o mesmo que havia sido considerado efeito da suposta loucura do médium. Com humildade e aparente timidez, recusava-se a se sentar à mesa, com os presentes, argumentando: – "Nego num senta não, meu sinhô, nego fica aqui mesmo. Isso é coisa de sinhô branco e nego deve arrespeitá". Após insistência dos presentes, respondeu: – "Num carece preocupá, não. Nego fica no toco, que é lugá de nego". Certamente, irmãos, a fala de Pai Antônio é um convite à humildade, não à submissão e à dominação racial.

Continuou com palavras de humildade, quando alguém lhe perguntou se sentia falta de algo que havia deixado na Terra, ao que ele respondeu: – "Minha cachimba. Nego qué o pito que deixou no toco. Manda mureque busca". Solicitava, assim, pela primeira vez, um dos instrumentos de trabalho da nova religião. Também foi o primeiro a solicitar uma guia, até hoje usada pelos membros da Tenda, conhecida carinhosamente como Guia de Pai Antônio.

No dia seguinte houve verdadeira romaria à casa da família de Zélio. Enfermos encontravam a cura, todos se sentiam confortados, médiuns até então considerados loucos encontravam terreno para desenvolver os dons mediúnicos.

O Caboclo das Sete Encruzilhadas se dedicou, então, a esclarecer e divulgar a Umbanda, auxiliado diretamente por Pai Antônio e pelo Caboclo Orixá Malê, experiente na anulação de trabalhos de baixa magia.

No ano de 1918, o Caboclo das Sete Encruzilhadas recebeu ordens da Espiritualidade para fundar sete tendas, assim denominadas: *Tenda Espírita Nossa Senhora da Guia, Tenda Espírita Nossa Senhora da Conceição, Tenda Espírita Santa Bárbara, Tenda Espírita São Pedro, Tenda Espírita Oxalá, Tenda Espírita São Jorge*, e *Tenda Espírita São Jerônimo*. Durante a encarnação de Zélio, a partir dessas primeiras tendas, foram fundadas outras 10.000.

Mesmo não seguindo a carreira militar, pois o exercício da mediunidade não o permitiu, Zélio nunca fez da missão espiritual uma profissão. Pelo contrário, chegava a contribuir financeiramente, com parte do salário, para as tendas fundadas pelo Caboclo das Sete Encruzilhadas, além de auxiliar os que se albergavam em sua casa. Também pelo conselho do Caboclo, não aceitava cheques e presentes.

Por determinação do Caboclo, a ritualística era simples: cânticos baixos e harmoniosos, sem palmas ou atabaques, sem adereços para a vestimenta branca e, sobretudo, sem corte (sacrifício de animais). A preparação do médium pautava-se pelo conhecimento da doutrina, com base no Evangelho, banhos de ervas, amacis e concentração nos pontos da natureza.

Com o tempo e a diversidade ritualística, outros elementos foram incorporados ao culto, no que tange ao toque, canto e palmas, às vestimentas e mesmo a casos de sacerdotes umbandistas que passaram a dedicar-se integralmente ao culto, cobrando, por exemplo, pelo jogo de búzios, porém sem nunca deixar de atender àqueles que não podem pagar pelas consultas. Mas as sessões permanecem públicas e gratuitas, pautadas pela caridade, pela doação dos médiuns. Também algumas Casas, por influência dos Cultos de Nação, praticam o corte, contudo essa é uma das maiores diferenças entre a Umbanda dita tradicional e as Casas que se utilizam de tal prática.

Depois de 55 anos à frente da *Tenda Nossa Senhora da Piedade*, Zélio passou a direção para as filhas Zélia e Zilméa, continuando, porém, a trabalhar juntamente com sua esposa, Isabel (médium do Caboclo Roxo), na Cabana de Pai Antônio, em Boca do Mato, em Cachoeira de Macacu, no Rio de Janeiro.

Zélio Fernandino de Moraes faleceu no dia 03 de outubro de 1975, após 66 anos dedicados à Umbanda, que muito lhe agradece.

Até aqui tudo bem?

A Umbanda, meus irmãos, é uma religião, e não uma seita. "Seita" geralmente se refere pejorativamente a grupos de pessoas com práticas espirituais que destoem das ortodoxas. A Umbanda, por outro lado, é uma religião constituída, com fundamentos, teologia própria, hierarquia, sacerdotes e sacramentos. Suas sessões são gratuitas, voltadas ao atendimento holístico (corpo, mente, espírito), à prática da caridade (fraterna, espiritual, material), sem proselitismo. Em sua liturgia e em seus trabalhos espirituais vale-se do uso dos quatro elementos básicos: fogo, terra, ar e água.

É muito interessante fazer o estudo comparativo da utilização dos elementos, tanto por encarnados quanto pela Espiritualidade, na Umbanda, no Candomblé, no Xamanismo, na Wicca, no Espiritismo (vide obra de André Luiz), na Liturgia Católica (leia-se o trabalho de Geoffrey Hodson, sacerdote católico liberal), etc.

A questão do Holismo na Umbanda será nesse momento abordada, pois compõe um dos itens a respeito da Espiritualidade no Terceiro Milênio e como a Umbanda se insere na mesma e com ela dialoga. Em outra oportunidade, nós falaremos de aspectos da Teologia de Umbanda e de suas matrizes, pois, embora seja conhecida como uma das Religiões de Matriz Africana (e, de fato, é mesmo), outras matrizes são tão importantes quanto.

## A Umbanda e a Espiritualidade no Terceiro Milênio – Algumas Características

### 1. Holismo

Por ser uma religião ecológica, a Umbanda visa ao equilíbrio do trinômio corpo, mente e espírito, à saúde física, ao padrão de pensamento e ao desenvolvimento espiritual de cada indivíduo.

### 2. Ecumenismo e Diálogo Interreligioso

Além de ter suas portas abertas a todo e qualquer espírito (encarnado ou desencarnado) que deseje vivenciar a Espiritualidade de acordo com suas diretrizes, a

Umbanda mantém fortes laços dialógicos com as mais diversas tradições religiosas e ou espirituais, algumas das quais muito a influenciaram em vários aspectos, dentre eles, o ritualístico. A Umbanda não é proselitista.

### 3. Valorização da vivência/da experiência pessoal

Embora tenha uma teologia própria e, em virtude do forte sincretismo, por vezes, ainda vivencie pontos doutrinários de outras tradições religiosas e ou espiritualistas, a Umbanda valoriza a experiência pessoal (concepções, opiniões, formas de vivenciar a espiritualidade, etc.), respeitando o livre pensamento e irmanando a todos em seus rituais e nas mais diversas atividades caritativas, de modo a respeitar as diferenças, sem tratá-las ostensivamente como divergências.

### 4. Fé e cotidiano: a concretude da fé

Fortemente marcada pela ecologia, a Umbanda convida a todos a vivenciar sua fé no cotidiano, cuidando do próprio corpo, do meio ambiente, vivenciando relações saudáveis, etc. Exemplo: cultuar o Orixá Oxum é, ao mesmo tempo, um convite para se viver amorosamente o dia a dia, de forma compassiva, e utilizar os recursos hídricos de maneira consciente (escovar os dentes com a torneira fechada, não jogar lixo nas águas, etc.). A gira literalmente prossegue no cotidiano.

## 5. Fé e Ciência: uma parceria inteligente

Allan Kardec, Dalai Lama e outros líderes fazem coro: se a Ciência desbancar algum ponto de fé, sem dúvida, a opção é ficar com a Ciência. A Umbanda possui fundamentos próprios, de trabalhos religiosos, energéticos, magísticos, contudo os mesmos não devem se confundir com superstição e obscurantismo. Por outro lado, sua Alta Espiritualidade, muitas vezes ensinada de maneira analógica/simbólica, é cotidianamente explicada pela Ciência, na linguagem lógica/racional. A medicina dos Pretos Velhos, por exemplo, é complementar à do médico com formação universitária, e vice-versa: ambas dialogam, não se excluem.

## 6. Simplicidade

A construção de templos, a realização de festas e outros devem visar à gratidão, ao entrelaçamento de ideais, ao conforto e ao bem-estar, e não à ostentação pseudorreligiosa, à vaidade dos médiuns e dos dirigentes espirituais. Mestre Jesus, que vem na linha de Oxalá, simbolicamente nasceu em uma gruta e, posto em uma manjedoura, fez do ambiente um local de grande celebração, envolvendo pastores e reis magos.

## 7. Leitura e compreensão do simbólico

Para vivenciar a espiritualidade umbandista de maneira plena é preciso distinguir a letra e o espírito, no tocante, por exemplo, aos mitos e às lendas dos Orixás, aos pontos cantados e riscados, etc. Quando se desconsidera esse aspecto, existe a tendência de se desvalorizar o diálogo ecumênico e interreligioso, assim também a vivência pessoal da fé. O simbólico é um grande instrumento para a reforma íntima, o autoaperfeiçoamento, a evolução.

## 8. Cooperativismo

Em uma comunidade, cada individualidade faz a diferença. Por essa razão, o cooperativismo não é vivenciado apenas em trabalhos que envolvam atividade física, mas também, por exemplo, na manutenção de padrão vibratório adequado ao ambiente e aos cuidados com a língua e a palavra, de modo a não prejudicar ninguém.

## 9. Liderança: autoridade não rima com autoritarismo

Em um terreiro, todos são líderes, cada qual em sua área de atuação, do irmão mais novo na Casa ao dirigente espiritual. Essa liderança deve ser exercida amorosamente, a exemplo do Mestre Jesus, quem, simbolicamente lavou os pés dos Apóstolos.

## 10. O exercício do livre-arbítrio

A Umbanda não ensina a entrega do poder pessoal, da consciência e do livre-arbítrio nas mãos dos Orixás, dos Guias e Entidades ou dos dirigentes espirituais. A caminhada espiritual-evolutiva é única, pessoal e intransferível.

Meus irmãos, o tempo já esgotou, mas a gentileza do cerimonial é grande. Agradeço a todos pela oportunidade de falar um pouquinho acerca da nossa querida Umbanda. Após o término da sessão, como todos sabem, teremos um coquetel, então, quem quiser conversar, sanar dúvidas, fique à vontade. Aqueles que desejarem visitar nossas Casas (sei que posso falar em nome dos demais dirigentes espirituais) sintam-se à vontade.

Oxalá abençoe a todos nós!

Saravá!

Axé!

X

# Meditações da Galera Umbandista

Médium não é X-Man, não tem poderes, mas dons, que precisam ser desenvolvidos, trabalhados e colocados à disposição da comunidade.

Orixá não é personagem de cards, com superpoderes que vão detonar os inimigos, ou seja, aqueles que nos fazem mal ou discordam de nós. Orixás são divindades, procedem da Fonte Divina, agem em nome dessa Fonte para o equilíbrio.

Guia no pescoço não é correntinha, bijuteria ou piercing. É proteção, tem função litúrgica, é, ainda, símbolo de ligação com os Orixás, Guias, Guardiões.

Roupa de Santo não é fashion week de Orixá, é uniforme de trabalho, de serviço, forma de se apresentar aos Orixás, aos Guias, aos Guardiões para serviço de autoconhecimento, equilíbrio e caridade para com o próximo.

Ponto cantado não é samba, não é funk, não é pagode, nem forma de seduzir alguém do templo ou da assistência: é firmeza do Orixá, para a casa e o próprio médium.

Dançar para o Santo não é fazer bailão, coreografia de programa de auditório ou dança de salão: é manifestar a alegria e comungar do Axé de cada Orixá, de cada Linha.

Sejam realmente filhos de Orixá, irmãos de todos e, ao mesmo tempo, aprendizes e mestres dos mais velhos, pois todos nós temos experiências para trocar e crescer juntos, na fé e na fraternidade.

XI

# Festa de Iemanjá

Barraca montada – Marcela, a dirigente espiritual da *Tenda de Umbanda Caboclo Tupinambá e Mamãe Oxum* – sentou-se em um banquinho, encheu um copo com café e, enquanto os filhos começavam a decoração da barraca, pensava como havia sido para chegar até ali. Lembrava-se das festas anteriores: vendavais e chuva em quase todos os anos, barraca despencando no último ano, trânsito intenso na estrada, dificuldades para conseguir casas para hospedagem dos filhos, atraso na arrecadação do dinheiro da festa, enfim.

Eram 05h30min da manhã, a decoração ficaria pronta por volta das 10h, os trabalhos teriam início ao meio-dia em ponto. Então, aproximou-se de Marcela, Janaína, de 05 anos, a filha de um casal, e ofereceu um biscoito doce com recheio para ela. Marcela aceitou e comeu com gosto, observando o sorriso de satisfação de Janaína.

A menina era um dos xodós do congá. Cantava, dançava, participava do grupo de teatro das crianças e da curimba mirim. Marcela sorriu e acariciou seus cabelos. Janaína, naquele ano, estaria vestida de Iemanjá, com capa, coroa e tudo o mais, liderando o cortejo das crianças.

A dirigente espiritual sorriu, pensando que valia a pena todo esforço de sua Casa, por ela mesma, pelos filhos, por Janaína. Não apenas para o futuro, mas para o presente, o aqui e agora. Do futuro não sabia, mas tinha certeza de que seria bom, pois a semente estava sendo plantada, regada, cuidada. De fato, do futuro Marcela nada sabia. Embora bastante intuitiva Marcela jamais pudesse supor que ali estava uma futura dirigente espiritual (Janaína), que contaria a seus filhos e filhas acerca da festa de iemanjá em que se vestira para a Mãe do Mar, liderando o cortejo das crianças, com capa, coroa e tudo o mais.

## XII

# Xangô e suas três esposas: Exercício de griotagem

Xangô é Orixá tão popular no Brasil que, pela força e determinação que sempre representou e deu tanto para o negro escravizado quanto para o Povo de Santo, passou a designar, de modo geral, cultos afro-brasileiros em Pernambuco e Alagoas, com suas variações regionais, onde também o Candomblé de Caboclo é conhecido como Xangô de Caboclo.

Nesse contexto, segundo Nei Lopes, Filipe Sabino da Costa (1877-1936), cujo nome iniciático era Opa Uatanan, mais conhecido como Pai Adão,[1]

> (...) por seus grandes conhecimentos dos fundamentos rituais e de seu domínio da língua iorubá,

---

1. Nei LOPES, *Enciclopédia brasileira da diáspora africana*, 2004.

é unanimemente considerado a maior personalidade da história do Xangô pernambucano.

No início dos anos de 1930, ao receber em Recife a visita do célebre babalaô Martiniano do Bonfim (OjéLadê), adaptou em sua honra uma cantiga de saudação na língua iorubá, a qual, incorporada ao repertório de cânticos rituais dos xangôs recifenses, era ainda bastante cantada na década de 1980.

Além disso, em muitas Casas, o vocábulo amalá, prato votivo de Xangô, passou a designar pratos-de-santo em geral.

Sua popularidade no Brasil se deve ainda ao fato de ter sido, provavelmente, a primeira divindade iorubana a chegar às terras brasileiras, juntamente com os escravos.

Orixá da Justiça, o Xangô mítico-histórico teria sido um grande rei (alafim) de Oyó (Nigéria) após ter destronado seu irmão Dadá-Ajaká. Na teogonia iorubana, é filho de Oxalá e Iemanjá. Representa a decisão, a concretização, a vontade, a iniciativa e, sobretudo, a justiça (que não deve ser confundida com vingança).

Xangô é o articulador político, presente na vida pública (lideranças, sindicatos, poder político, fóruns, delegacias, etc.). Também Orixá que representa a vida, a sensualidade, a paixão, a virilidade. Seu machado bipene, o oxê, é símbolo da justiça (todo fato tem, ao menos, dois lados, duas versões, que devem ser pesadas, avaliadas). Teve como esposas Obá, Oxum e Iansã.

Os Inquices são divindades dos cultos de origem banta. Correspondem aos Orixás iorubanos e da Nação Ketu. Dessa forma, por paralelismo, os Inquices, em conversas do povo-de-santo, aparecem como sinônimos de Orixás.

Também entre o povo-de-santo, quando se usa o termo Inquice, geralmente se refere aos Inquices masculinos, ao passo que InquiceAmê refere-se aos Inquices femininos.

O vocábulo Inquice vem do quimbundo *Nksi* (plural: *Mikisi*), significando "Energia Divina".

Nzazi, Zaze ou Loango é o Inquice do raio e da justiça, associado, portanto, ao Orixá Xangô.

Por sua vez, Vodum é divindade do povo Fon (antigo Daomé). Refere-se tanto aos ancestrais míticos quanto aos ancestrais históricos.

No cotidiano dos terreiros, por paralelismo, o vocábulo é empregado também como sinônimo de Orixá (é bastante evidente a semelhança de características entre os mais conhecidos Orixás, Inquices e Voduns). "Vodum" é a forma aportuguesada de "vôdoun". Heviossô é o Vodum dos raios e relâmpagos, associado, portanto, ao Orixá Xangô.

Riquíssimos são os relatos mítico-históricos do povoamento da África e da composição do reino de Oyó, no qual se destaca Xangô como o quarto alafim. Para manter o foco em Xangô, não trataremos da ascendência de Odudua, Okanbi e Oraniã (pai de Ajaká e Xangô) e dos alafins que sucederam ao quarto.

Ajaká, ou Obá Ajaká, enquanto alafim de Oyó, era pacífico. Xangô, por sua vez, havia crescido em território dos Tapas, de onde provinha sua mãe, Torosi. Mesmo rejeitado pelo povo, por sua tirania, instalou-se em Kossô e declarou-se Obá Kossô. Posteriormente, fixou-se em Oyó, com simpatizantes, em um bairro que também foi chamado de Kossô, o que lhe ajudou a manter o título de Obá Kossô. Com o tempo, destronou Ajaká. Este, por sua vez, exilado, reinou em Igboho, cidade próxima a Oyó, sem, contudo, poder usar a coroa de Oyó. Então, passou a usar uma coroa (adé) que cobrisse seus olhos envergonhados pela derrota, rodeada por fios com búzios no lugar das contas da coroa de Oyó. Essa coroa se denomina AdéBaiani. O filho de Ajaká é Aganju, portanto sobrinho de Xangô, que viria a ser o sexto alafim de Oyó.

Após reinar por 47 anos, arrependido por diversas de suas atitudes e com a revolta de seu povo, deixou o trono de Oyó e se transferiu para Tapa, território natal de sua mãe. Vencido e humilhado pelo general Gbonka, teria se enforcado ("Obá Sô!", "O rei se enforcou!"). Porém, como seu corpo não foi encontrado, seus seguidores afirmaram que ele havia se transformado em Orixá e, então, proclamaram "Oba Ko sô!", isto é, "O rei não se enforcou!".

Ajaká reassumiu o trono de Oyó, deixou de usar a AdéBaiâni em favor da AdéAlafim e se tornou o quinto alafim. Com o fim do reinado de Aganju, neto de Oraniã, e sobrinho de Xangô, e o sexto, iniciou-se o período dos reis históricos.

Orixá do rio Níger, irmã de Iansã, Obá é a mais velha das esposas de Xangô. Alguns a cultuam como um aspecto feminino de Xangô. É ainda prima de Euá, a quem se assemelha em muitas de suas peculiaridades. Nas festas da fogueira de Xangô, leva as brasas para seu reino (símbolo do devotamento, da lealdade ao marido). Guerreira e pouco feminina, quando repudiada pelo marido, rondava o palácio com a intenção de a ele retornar.

Oyá ou Iansã é Orixá guerreiro, senhora dos ventos, das tempestades, dos trovões e também dos espíritos desencarnados (eguns), conduzindo-os para outros planos, ao lado de Obaluaê. Divindade do rio Níger, ou Oya, é sensual, representando o arrebatamento, a paixão.

De temperamento forte, foi esposa de Ogum, e depois a mais importante esposa de Xangô (ambos tendo o fogo como elemento afim). Irrequieta e impetuosa é a senhora do movimento e, em algumas casas, também a dona do teto da própria casa.

Uma de suas funções espirituais é trabalhar a consciência dos desencarnados que estão à margem da Lei para, então, poder encaminhá-los a outra linha de evolução.

Oxum é Orixá do feminino, da feminilidade, da fertilidade, ligada ao Rio Oxogbô, em Ijexá (Nigéria). Senhora das águas doces, dos rios, das águas quase paradas das lagoas não pantanosas, das cachoeiras e, em algumas qualidades, também da beira-mar. Perfumes, joias, colares, pulseiras, espelho alimentam sua graça e beleza.

Filha predileta de Oxalá e de Iemanjá, Oxum foi esposa de Oxóssi, de Ogum e, posteriormente, de Xangô (segunda esposa). Senhora do ouro (na África, cobre), das riquezas, do amor.

Ela é o Orixá da fertilidade, da maternidade, do ventre feminino, e a ela se associam as crianças. Nas lendas em torno de Oxum, a menstruação, a maternidade, a fertilidade, enfim, tudo o que se relaciona ao universo feminino é valorizado. Entre os iorubás, tem o título de Ialodê (senhora, "lady"), comandando as mulheres, arbitrando litígios e responsabilizando-se pela "ordem na feira".

No jogo dos búzios, é ela quem formula as perguntas respondidas por Exu. Os filhos de Oxum costumam ter boa comunicação, inclusive no que tange a presságios. Oxum, Orixá do amor, favorece a riqueza espiritual e material, além de estimular sentimentos de amor, fraternidade e união. É patrona da Nação Ijexá.

Por vezes Xangô é retratado na forma de tirano e insensível ao feminino, a ele apenas se sobrepondo, como quando tenta tomar à força Euá (símbolo da virgindade) ou seduzindo e ou violentando sua mãe adotiva, Iemanjá, ou Nanã, a esposa mais velha de Oxalá (símbolos da maternidade). Em outros momentos, intimamente ligado ao feminino ou a ele submetido. Dos diversos relatos a respeito desse Orixá, existe um bastante significativo a respeito da integração entre o masculino e o feminino, recontado por Reginaldo Prandi, verdadeiro griô, mestre das palavras a honrar, na escrita, a oralidade africana:

> Xangô estava fugindo dos inimigos.
> Os inimigos queriam acabar com ele a qualquer custo. Se caísse em suas mãos, lhe cortariam a cabeça.
> Xangô foi se esconder na casa de Oiá. Os inimigos sitiaram a casa; não havia como escapar.
> Oiá vestiu Xangô com as roupas dela. Cortou os cabelos e com eles cobriu a cabeça de Xangô. Ornou-o com apuro, com muitos colares, anéis e pulseiras.
> Então Oiá anunciou que ia sair para um passeio.
> E Xangô saiu à rua com toda a elegância de Oiá.
> Era Oiá, todos acreditaram, formosa e deslumbrante em seus ricos trajes.
> Os inimigos de Xangô abriram respeitosamente o caminho para OIá.

> Quando, mais tarde, Oiá saiu à rua, todos se deram conta do engodo, mas era tarde demais.
>
> Xangô escapara e da morte se livrara.
>
> A astúcia de Oiá livrou Xangô dos inimigos. [2]

O masculino travestido de feminino, no relato acima, pode ser lido como o ato de se colocar no lugar do outro, com vistas à compreensão de seu oposto complementar. Ao se vestir como Iansã (a esposa com quem Xangô mais apresenta compatibilidade de elementos), pois com ela divide os domínios do fogo, do raio e do trovão, ao mesmo tempo em que a ela se opõe, pois Xangô é Orixá que pulsa tão intensamente a vida, que repulsa o mundo dos mortos, reino em que Iansã se sente à vontade. Xangô, por meio da representação do feminino, reforça o seu masculino, de modo equilibrado e maduro. Assim, não perde sua cabeça (seu Ori, sua consciência).

Aliás, a cabeça humana, na tradição iorubá, receptáculo do conhecimento e do espírito, tão importante que cada Orixá tem seu Ori. É alimentado, como no caso do Bori, a fim de se manter equilibrado. Trata-se, ainda, da consciência presente em toda a natureza e seus elementos, guiada pelo Orixá (força específica). Também não se deixa

---

2. Reginaldo PRANDI, *Mitologia dos orixás*, 2001.

vencer pelos inimigos (instintos, temores, inconsciência). Como na imagem da balança da justiça, domínio de Xangô, os pratos assumem posições equânimes ou com oscilações compreensíveis rumo ao equilíbrio.

# XIII

# Verbete

**Orixá** – s. m. Etimologicamente e em tradução livre Orixá significa *a divindade que habita a cabeça* (em iorubá, "ori" é cabeça, enquanto "xá", rei, divindade), associado comumente ao diversificado panteão africano, trazido à América pelos negros escravos. A Umbanda Esotérica, por sua vez, reconhece no vocábulo Orixá a corruptela de "Purushá", significando *Luz do Senhor* ou *Mensageiro do Senhor*.

Cada Orixá relaciona-se a pontos específicos da natureza, os quais são também pontos de força de sua atuação. O mesmo vale para os chamados quatro elementos: fogo, terra, ar e fogo. Portanto, os Orixás são agentes divinos, verdadeiros ministros da Divindade Suprema (Deus, Princípio Primeiro, Causa Primeira, etc.), presentes nas mais diversas culturas e tradições espirituais e religiosas, com nomes e cultos diversos, tais quais: os Devas indianos. Visto que o ser humano e seu corpo estão em estreita relação com o ambiente (o corpo humano em funcionamento contém em si água, ar, componentes associados a terra, além de calor, que está relacionado ao fogo), seu Orixá pessoal tratará de cuidar para que essa relação seja a mais equilibrada possível.

Tal Orixá, Pai ou Mãe de Cabeça, é conhecido comumente como Eledá e será responsável pelas características físicas, emocionais, espirituais, etc. de seu filho, de modo a espelhar nele os arquétipos de suas características, encontrados nos mais diversos mitos e lendas dos Orixás. Outros Orixás, conhecidos como Juntós, ou Adjuntós, ou ainda Ossi e Otum, conforme a ordem de influência, auxiliarão o Eledá nessa tarefa e ainda outros.

Na chamada coroa de um médium de Umbanda ainda aparecem os Guias e as Entidades, em trama e enredo bastante diversificados (embora, por exemplo, geralmente se apresente para cada médium um Preto Velho, há outros que o auxiliam, e esse mesmo Preto Velho poderá, por razões diversas, dentre elas missão cumprida, deixar seu médium e partir para outras missões, inclusive em outros planos).

De modo geral, a Umbanda não considera os Orixás, que descem ao terreiro, energias e ou forças supremas desprovidas de inteligência e individualidade. Para os africanos (e tal conceito reverbera fortemente no Candomblé), Orixás são ancestrais divinizados, que incorporam conforme a ancestralidade, as afinidades e a coroa de cada médium.

No Brasil, teriam sido confundidos com os chamados Imolês, isto é, Divindades Criadoras, acima das quais aparece um único Deus: Olorum, Olodumaré ou Zâmbi. Na linguagem e na concepção umbandistas, portanto, quem incorpora em uma gira de Umbanda não são os Orixás propriamente ditos, mas seus falangeiros, em nome dos próprios Orixás. Tal concepção está de acordo com o conceito de ancestral (espírito) divinizado (e ou evoluído) vivenciado pelos africanos que para cá foram trazidos como escravos.

Ainda que essa visão não seja consensual (há quem defenda que tais Orixás já encarnaram, enquanto outros segmentos umbandistas – a maioria, diga-se de passagem – rejeitam esse conceito), ao menos se admite no meio Umbandista que o Orixá que incorpora possui um grau adequado de adaptação à energia dos encarnados, o que seria incompatível para os Orixás hierarquicamente superiores.

Em pesquisa feita por Miriam de Oxalá a respeito da ancestralidade e da divinização de ancestrais, figura, dentre outras fontes, a célebre pesquisadora Olga Guidolle Cacciatore, para quem,

> Os Orixás são intermediários entre Olórun, ou melhor, entre seu representante (e filho) Oxalá e os homens. Muitos deles são antigos reis, rainhas

> ou heróis divinizados, os quais representam as vibrações das forças elementares da Natureza – raios, trovões, ventos, tempestades, água, fenômenos naturais como o arco-íris, atividades econômicas primordiais do homem primitivo – caça, agricultura – ou minerais, como o ferro que tanto serviu a essas atividades de sobrevivência, assim como às de extermínio na guerra. [3]

Entretanto, considerando-se a abrangência do tema – sempre passível de pesquisa, diálogo e registro de impressões, é possível incorporar, conforme observa o médium umbandista e escritor Norberto Peixoto, a forma-pensamento de um Orixá, que é plasmada e mantida pelas mentes dos encarnados. Em suas palavras,

> Era dia de sessão de preto(a) velho(a). Estávamos na abertura dos trabalhos, na hora da defumação. O congá 'repentinamente' ficou vibrado com o orixá Nanã, que é considerado a mãe maior dos orixás e o seu axé (força) é um dos sustentadores da egrégora da Casa desde a sua fundação, formando par com Oxóssi. Faltavam poucos dias para o amaci (ritual de lavagem da cabeça com ervas maceradas), que tem por finalidade fortalecer

---

3. Olga Gudolle CACCIATORE, *Dicionário de cultos afro-brasileiros*, 1977.

a ligação dos médiuns com os orixás regentes e guias espirituais. Pedi um ponto cantado de Nanã Buruquê, antes dos cânticos habituais. Fiquei envolvido com uma energia lenta, mas firme. Fui transportado mentalmente para a beira de um lago lindíssimo e o orixá Nanã me 'ocupou', como se entrasse em meu corpo astral ou se interpenetrasse com ele, havendo uma incorporação total. (...) Vou explicar com sinceridade e sem nenhuma comparação, como tanto vemos por aí, como se a manifestação de um ou outro (dos espíritos na umbanda versus dos orixás em outros cultos) fosse mais ou menos superior, conforme o pertencimento de quem os compara a uma ou outra religião. A 'entidade' parecia um 'robô', um autômato sem pensamento contínuo, levado pelo som e pelos gestos. Sem dúvida, houve uma intensa movimentação de energia benfeitora, mas durante a manifestação do orixá minha cabeça ficou mentalmente vazia, como se nenhuma outra mente ocupasse o corpo energético do orixá que dançava, o que acabei sabendo depois tratar-se de uma forma-pensamento plasmada e mantida 'viva' pelas mentes dos encarnados.[4]

---

4. Norberto PEIXOTO (pelo Espírito RAMATÍS). *Mediunidade e sacerdócio*, 2010.

No cotidiano dos terreiros, por vezes, o vocábulo Orixá é empregado para designar Guias e Entidades. Nessas Casas, por exemplo, é comum ouvir alguém dizer antes de uma gira de Pretos Velhos: – "Precisamos preparar mais banquinhos, pois hoje temos muitos médiuns e, portanto, aumentará o número de Orixás em terra".

## XIV

# Pai Jacó

Pai Marcos quando aconselhava alguém sempre dizia: – "Sabe por que nego veio trabalha sentado? Pra não cansar... Então, aprenda com nossos Pretos Velhos e tenha paciência, faça as coisas com afinco e fé". Lembrava-se de, quando menino, foi a um terreiro de Umbanda e ouviu de um Preto Velho: – "A banda é fromosa, zinfio... Zinfio tem que vesti branco e trabaia, em nome de Nosso Sinhô Jisuis Cristo...". E zinfio Marcos, Pai Marcos vinha trabalhando fazia 40 anos.

Trabalhando com Pai Jacó do Oriente, Pai Marcos sempre ensinou a seus filhos que a maior lição dos Pretos Velhos e das Pretas Velhas é o perdão, mas o perdão verdadeiro, que se filtra com o tempo que não é feito de aparências nem é forçado. Por sua vez, Pai Jacó instruiu e intuiu seu cavalo que os Pretos Velhos e as Pretas Velhas compreendem, sobretudo, os espíritos que, na roupagem de escravos, evoluíram por meio da dor, do sofrimento e do trabalho forçado. São grandes Magos da Luz, sábios, portadores de conhecimentos de Alta Espiritualidade.

Enquanto encarnados, cuidaram de seus irmãos, sustentando-os na fé aos Orixás, sincretizada com o Catolicismo e seus santos e rituais; na sabedoria milenar, e na medicina popular e outros. Conhecidos como pais/mães, vovôs/vovós e mesmo tios/tias, representam a sabedoria construída não apenas pelo tempo, mas pela própria experiência. Guias e protetores na Umbanda, eles são espíritos desencarnados, de muita luz.

Seus nomes geralmente são de santos católicos (na época em que estavam encarnados, conforme a ordem/orientação geral dos senhores e da própria Igreja), acrescidos do topônimo da fazenda onde nasceram ou de onde vieram, ou da região africana de origem, como Pai Antônio, Pai Benedito, Pai Benguela, Pai Caetano, Pai Cambinda (ou Cambina), Pai Cipriano, Pai Congo, Pai Fabrício das Almas, Pai Firmino d'Angola, Pai Francisco, Pai Guiné, Pai Jacó, Pai Jerônimo, Pai João, Pai Joaquim, Pai Jobá, Pai Jobim, Pai José d'Angola, Pai Julião, Pai Roberto, Pai Serafim, Pai Serapião, Vovó Benedita, Vovó Cambinda (ou Cambina), Vovó Catarina, Vovó Manuela, Vovó Maria Conga, Vovó Maria do Rosário, Vovó Rosa da Bahia.

Na roupagem de Pretos Velhos esses espíritos são verdadeiros psicólogos, tendo ótima escuta para todo e qualquer tipo de problema, sempre com uma palavra amiga para os consulentes, além dos passes, descarregos e outros.

Pai Jacó, ainda menino, aprendeu logo que Caboclos e Pretos Velhos também "baixam" nos centros espíritas mais conhecidos como kardecistas, porém com roupagens fluídicas diversas. Pai Jacó lembrou que a Umbanda nasceu "oficialmente" a partir da rejeição de Caboclos e Pretos Velhos em mesas mediúnicas kardecistas. Ensinou também que, com a ampliação do diálogo ecumênico e interreligioso e, portanto, da fraternidade entre encarnados, aos poucos ocorreriam mais manifestações mediúnicas de Caboclos e Pretos Velhos em casas espíritas.

Em gratidão a Pai Jacó e a toda corrente dos Pretos Velhos e das Pretas Velhas, Pai Marcos, nos últimos meses, estava compondo uma série de pontos em homenagem a esses amados protetores, mentores, cuidadores. Sabia que não compunha sozinho, mas com a ajuda do Plano Espiritual, o que lhe dava mais alegria, principalmente quando vinha uma ideia nova e sentia um leve arrepio na coluna.

## Pai Jacó

*Pai Jacó é a bengala do filho*
*Do filho que quer caminhar*
*E se sente cansado na estrada*
*Mas da Luz não quer se afastar*

*Pai Jacó tem ternura no rosto*
*Mironga nas mãos*
*E Jesus no olhar*

## Vovó

*Vovó, seu terço é de semente*
*De louça é o terço da sinhá*
*Enquanto a sinhá quer escravo*
*Vovó reza o terço pra ela melhorá.*

## O Tronco e a Cruz

*No tronco o sinhô põe escravo*
*Põe escravo que cansa da lida*
*Na cruz os homens põem Jesus*
*Que pelo Amor nos deu sua vida.*

## Vovô

*No cruzeiro acendi uma vela*
*Com o fogo da fé em Atotô*
*De Aruanda mandou bem depressa*
*Mancando na estrada este bom Vovô.*

E, assim, de manhãzinha ou de madrugada, Pai Marcos anotava os pontos, que já vinham praticamente com as melodias encaixadas nos toques. Aproveitava o momento de quietude que vivia, pois havia pedido licença do serviço público por alguns meses em virtude de uma agressão física que havia sofrido de um colega de setor e meditava acerca do amor, do perdão, da justiça e dos direitos.

Havia processado o colega, mas não sentia raiva, ódio, nada disso, apenas se defendia. E se sentia muito grato a Pai Jacó por auxiliá-lo a não se prender a energias deletérias, a purificar o ambiente de trabalho e a encontrar novos caminhos dentro do próprio trabalho.

Certa noite sonhou com Pai Jacó, que lhe apareceu bem idoso, mas com muita força e altivez, carapinha branca, roupas brancas e iluminadas. Carinhosamente, lhe disse: – "Zinfio, tem gente que pensa que a escravidão ainda não acabô. Muitos que manda onde zinfio trabuca têm sodade de botá os outro no tronco. Zinveis de aprendê, perde a oportunidade, zinfio, e só carregam mais dor no coração, que fica mais gelado e longe da luz de Nosso Sinhô. Num deixa o coração gelá, zinfio, que tudo vai bem, com fé, esperança e amor. Louvado seja Nosso Sinhô Jisuis Cristo!".

– É! – Pensou Pai Marcos – de fato, Pai Jacó tem ternura no rosto, Mironga nas mãos e Jesus no olhar.

XV

# Optcha!

    Reza a tradição, em uma das lendas de Santa Sara que, para fugir às perseguições de Herodes Agripa, alguns discípulos de Jesus foram colocados em uma barca sem velas ou remos ou com o mínimo de provisões. Dentre os discípulos estavam Maria Salomé, mãe de Tiago Maior e João, e Maria Jacobé, Irmã ou prima de Maria, mãe de Jesus, juntamente com a serva Sara. Em 44 ou 45 d. C. a embarcação teria chegado a Camargue, na França. Maria Jacobé, Maria Salomé e Sara teriam permanecido na mesma região, enquanto os demais discípulos se dispersaram pela Gália na condição de evangelizadores.
    Segundo demais versões, Sara vivia às margens do Mediterrâneo e foi acolhida pelas outras mulheres, tornando-se, posteriormente, cristã, serva e acompanhante de Maria Jacobé e Maria Salomé. Outras fontes, ainda, caracterizam Sara como abadessa ou freira de um convento

líbio, rainha egípcia que teria acolhido os evangelizadores, ou mesmo descendente dos atlantes.

Para os ciganos, a Virgem Sara é chamada também de Kali (o que significa "negra"; também nome de uma deusa negra indiana, relacionada à morte).

ह

Linha bastante antiga de trabalhos na Umbanda, por vezes apresenta-se na Linha do Oriente e com ela se confunde. Em muitas Casas, Linha do Oriente e Linha Cigana se confundem; em outras, trabalham separadamente (há Casas em que aparece apenas a Linha Cigana); existe, ainda, a leitura de que a Linha Cigana seria uma espécie de divisão/falange da Linha do Oriente.

Os ciganos atuam em diversas áreas, em especial no tocante à saúde, ao amor e ao conhecimento, com tratamento e características diferentes das de outras correntes, falanges e linhas. Na condição de Povo Cigano, quando encarnado, possui origem antiga e pulverizada em diásporas e pelo nomadismo. O Povo Cigano do Astral assenta-se nos mais diversos terreiros de Umbanda onde cada qual poderá trabalhar e evoluir.

Na Espiritualidade os ciganos não estão mais afeitos a tradições fechadas (ciganos apenas casando-se entre eles) e patriarcais terrenas (a mulher sem filhos biológicos praticamente perdendo seu valor perante o marido, a família e a comunidade), podendo atuar com mais liberdade, daí eles se afinarem com a Umbanda, conhecida pelo sincretismo e por abrir as portas para diversas linhas espirituais.

Alegres e experientes eles trabalham utilizando-se de seus conhecimentos magísticos, tanto na Direita quanto na Esquerda. Se existem Exus e Pombagiras Ciganos, há também ciganos que, por afinidade e ou por não encontrar outros caminhos em uma Casa, trabalham na Linha da Esquerda.

Amparados pela vibração oriental, trajam vestes e adereços característicos, valendo-se de cartas, runas, bolas de cristal, Numerologia e outros expedientes que lhe são familiares. Apreciam também trabalhar com cores (cada cigano tem sua cor de vibração e de velas, embora possa se valer de diversas cores, em virtude dos vastos conhecimentos que possuem) e com incensos. Utilizam-se, ainda, de pedras, bebidas, punhais, lenços e outros elementos.

Embora haja orações e simpatias e feitiços ciganos espalhados em profusão em livros, revistas, sítios na internet e outros, vale lembrar que a Umbanda, seja na Direita ou na Esquerda, jamais trabalha com qualquer elemento que venha ferir o livre-arbítrio de alguém.

ॐ

Yasmin é devota de Santa Sara. Aos 16 anos teve uma queimadura que deixou uma pequena marca em "S" na mão direita. Yasmin diz sempre que é um símbolo de Santa Sara.

Deixando o prédio onde se realizou a Conferência da Igualdade Racial, Yasmin pensa no preconceito contra o povo cigano: ladrões, lançadores de maldições, sujos, vagabundos, etc. Ela medita a respeito das falas da Conferência, em especial sobre os acampamentos urbanos, o padre cigano, as festas de Santa Sara, a devoção à Nossa Senhora Aparecida, por afinidade com a própria Santa Sara, os projetos de lei específicos enviados ao Legislativo, etc.

Pensa também no comentário feito por um colega, um agente de pastoral de uma igreja cristã, sobre a ação de ciganos no centro da cidade, tomando dinheiro das pessoas em suposto ritual de prosperidade, sem que os passantes entendam que o dinheiro não voltará para eles ao final do ritual de pegar uma nota e guardá-la na mão. São ciganos? Sim, e, infelizmente, contribuem para que se perpetue o preconceito contra a própria comunidade.

Então, Yasmin se recorda da alegria e da energia da última gira de Ciganos da Casa de Umbanda de onde é filha. Os pontos cantados, as danças, as lindas mensagens, as diversas formas de trabalho (cartas, velas, leitura de mão, etc.). Com o coração cheio de amor, reza uma Ave-Maria e pede à Santa Sara que abençoe a todos os ciganos encarnados, em especial os que ludibriam a boa fé do povo, ferem o coração de Santa Sara e dos irmãos que lutam por respeito, reconhecimento, cidadania. Lembre-se com carinho de Esmeralda, senhora que morava em um pequeno sítio, afastado, e que jogava Tarô de Marselha, Baralho Cigano e Runas. Com Esmeralda, Yasmin aprendeu o célebre provérbio cigano: "Onde quer que estejas um lugar melhor te espera".

Os Ciganos do Astral e os ciganos da Terra caminham sempre em busca desse lugar melhor.

*Optcha!*

# XVI

# Orikais

**Orikai.** Termo cunhado por Arnaldo Xavier, citado por Antonio Risério, para haicai (poema de origem japonesa, com regras fixas, com três versos, 17 sílabas métricas e ausência de título, embora também seja composto com mais liberdade formal) que se apresenta como oriki (em linhas gerais, cântico de louvor de atributos aos Orixás).

Os orikis vieram de África e são utilizados no Candomblé, embora, por influência dos Cultos de Nação, também apareçam em Casas de Umbanda. Os orikais, por sua vez, têm poucos, porém entusiastas, adeptos.

*Ogum
o ferro funde
na forja*

*E vem Oxóssi
cheirando
a folhagem*

*Sem folha
nem chá
nem Orixá*

*Oxumaré
o charme
da chuva*

*Xangô
a alma lava
no fogo*

*Iansã
o vento inventa
de novo*

*Oyá*
*olha de longe*
*se não vem egum*[5]

*Oxum*
*espelho d'água*
*profunda*

*Oxum*
*quando chega*
*enxuga meu choro*

*Nanã*
*lótus de luz*
*na lama*

*Os gêmeos*
*gemem de fome*
*caruru*

*Pombo branco*
*na palmeira*
*precede Oxalá*

---

5. Egum (do iorubá "égun", "osso", "esqueleto") significa espírito, alma do desencarnado. Ao contrário do uso popular, não representa necessariamente espírito de vibrações deletérias (sem a acepção negativa, por exemplo, pode-se dizer que um Preto Velho é um Egum).

# XVII

# Umbanda e Zen

– Mãe Dora, estamos fazendo um trabalho muito bacana na faculdade, um estudo comparativo de religiões, filosofias religiosas, e descobri o quanto a Umbanda dialoga com o Zen – disparou Giovana, com seu sorriso largo e os cabelos de duas cores cortados de forma irregular.

– Que interessante Di. Até mesmo porque as pessoas utilizam o vocábulo "zen" como sinônimo de "calmo" e geralmente não conhecem a riqueza e a profundidade da própria filosofia. Mas, me diga quais os principais pontos de contato entre a Umbanda e o Zen?

– Quando a senhora pergunta assim é porque já sabe a resposta... – Riu Giovana.

– Também tenho algumas opiniões a respeito, filha, mas quero ouvir você, vamos lá.

– Bem, Mãe Dora, um dos pontos é o foco na totalidade do momento. Segundo a filosofia Zen, quando se bebe um copo d'água, por exemplo, deve-se estar totalmente focado nisso, o momento deve ser único. Plantar uma flor pode ser entendido tal qual um estado meditativo, varrer o chão, etc. Encontro isso na Umbanda, por exemplo, no momento de firmar uma vela, de fazer uma entrega ao Orixá... É a totalidade, a entrega, a concentração...

– Muito bem, minha filha, é isso mesmo...

– O caso dos koans, Mãe... Dá para pensar num bocado de pontos cantados...

– Exatamente, Di. Que bacana você ter percebido isso. Continue...

– Bem, todos os koans fogem à lógica e dão um nó em nossas cabeças... Fogem ao racional não é, Mãe, e nos levam a, digamos assim, pensar de outra forma, com outros mecanismos, em outras esferas. Como: "Quando Choko bebe saquê, Rioko fica bêbado".

– Gosto muito daquele mais ou menos assim: "Batendo uma mão na outra temos um som. Qual o som de apenas uma mão?" E, claro, "Qual o seu rosto antes de nascer?".

– É tudo enigmático, inacessível à razão, por isso o koan é instrumento para a iluminação. Em meu trabalho, Mãe, eu cito dois pontos de Esquerda que são verdadeiros koans. Há outros tantos, claro, mas a senhora sabe, o trabalho do pesquisador tem método, objetivo e exige cortes e recortes que não têm a mesma liberdade dos meus cabelos...

Ambas riram em total cumplicidade.

– Quais os pontos que você escolheu filha?

– O primeiro: "Exu fez uma casa sem porteira e sem janela. Ainda não achou morador pra morar nela". É riquíssimo. E a beleza está em ouvir e cantar, mas, obviamente, no trabalho; precisei sugerir caminhos interpretativos". – O segundo é: "Portão de ferro, cadeado de madeira. Quem manda no cemitério é o Senhor Exu Caveira".

– Di, quando for a apresentação do seu trabalho, me avise... Quero muito estar presente.

– Claro, Mãe! Obrigada pelo apoio...

– Sabe o que está faltando para este papo ficar ainda mais... Zen?

– Lá vem história... O que, Mãe Dora?

– Uma boa xícara de chá... Vamos lá.

# XVIII

# Sincretismo

*(...)*
*Quando os povos d'África chegaram aqui*
*Não tinham liberdade de religião*
*Adotaram o Senhor do Bonfim:*
*Tanto resistência, quanto rendição.*
*Quando, hoje, alguns preferem condenar*
*O sincretismo e a miscigenação*
*Parece que o fazem por ignorar*
*Os modos caprichosos da paixão.*
*Paixão que habita o coração da natureza-mãe*
*E que desloca a história em suas mutações*
*Que explica o fato de Branca de Neve amar*
*Não a um, mas a todos os Sete Anões.*
*(...)*

Gilberto Gil[6]

---
6. Gilberto Gil, *De Bob Dylan a Bob Marley - Um samba-provocação*

A senzala foi um agregador do povo africano. Escravos muitas vezes apartados de suas famílias, e divididos propositadamente em grupos culturais e linguisticamente diferentes, por vezes antagônicos, para evitar rebeliões, organizaram-se de modo a criar uma pequena África, o que posteriormente se refletiu nos terreiros de Candomblé, onde Orixás, procedentes de regiões e clãs diversos, passaram a ser cultuados em uma mesma casa religiosa, conforme visto no capítulo II.

Entretanto, o culto aos Orixás era velado, uma vez que a elite branca católica considerava as expressões de espiritualidade e fé dos africanos e seus descendentes de certa forma associada ao mal, ao Diabo cristão, caracterizando-a pejorativamente de primitiva.

Para manter sua liberdade de culto, os escravizados recorreram ao sincretismo religioso, embora restrito ao ambiente da senzala, referente aos pontos de força da natureza, ligados a cada Orixá, associando-os a um santo católico. Tal associação também apresenta caráter plural e continuou ao longo dos séculos, daí a diversidade de associações sincréticas.

Hoje, por um lado, há um movimento de "re-africanização" do Candomblé, dissociando os Orixás dos santos católicos; por outro lado, muitas Casas ainda mantêm o sincretismo, e muitos zeladores de santo declaram-se católicos.

No caso da Umbanda, algumas Casas, por exemplo, não se utilizam de imagens de santos católicos, representando os Orixás em sua materialidade, por meio dos Otás, entretanto, a maioria ainda se vale de imagens católicas, entendendo o sincretismo como ponto de convergência de diversas matrizes espirituais.

De certa forma, o sincretismo também foi chancelado pelo fato de o Orixá passar popularmente a ser conhecido como "Santo" (Orixá de energia masculina/pai/aborô) ou "Santa" (Orixá de energia feminina/mãe/iabá), o que reforça a associação e correspondência com os santos católicos, seres humanos que, conforme a doutrina e os dogmas católicos, teriam se destacado por sua fé ou seu comportamento.

A energia masculina e a energia feminina de cada Orixá não tem necessariamente relação com gênero e sexualidade tal qual conhecemos e vivenciamos, tanto que em Cuba Xangô é sincretizado com Santa Bárbara.

Ainda acerca do vocábulo "Santo", enquanto sinônimo de Orixá, as traduções mais próximas para os termos *babalóòrisá* e ìyálorìsa seriam pai ou mãe-no-santo, contudo o uso popular consagrou pai ou mãe-de-santo. Para evitar equívocos conceituais e ou teológicos, alguns sacerdotes utilizam-se do termo zelador ou zeladora-de-santo.

Itãs são relatos míticos da tradição iorubá, notadamente associados aos 256 odus (16 odus/caminhos principais X 16). Pela tradição oral, foram passados (e também adaptados) de geração a geração, em África, no Brasil, no Candomblé, na Umbanda. Compondo vasta oralitura possuem riqueza e profundidade que precisam ser compreendidas em seu contexto de origem e se expandem em novos contextos. Conhecidos os itãs, fica mais fácil para se entender os pontos de convergência do sincretismo, o qual, ainda que por meio da dor ("tanto resistência quanto rendição", de acordo com Gilberto Gil), acabo por promover o diálogo (muitas vezes, tenso, evidentemente, no plano físico, contudo não no astral) entre culturas e religiões distintas.

## Oxalá
### Sincretismo na Umbanda: Jesus

Antes o mundo era cheio de água, um verdadeiro pântano, sem terra firme. No Orum (em tradução livre, "Plano Espiritual", "Céu") viviam, além de Olorum, os Orixás, que vez ou outra vinham ao Aiê (em tradução livre, "Terra") para brincar nos pântanos, descendo por teias de aranha. Até que um dia Olorum chamou Oxalá para falar de seu desejo em criar terra firme no Aiê, encarregando dessa tarefa o grande Orixá, a quem deu uma concha, uma pomba e uma galinha com cinco dedos em cada pé.

Então, Oxalá desceu até o pântano e verteu a terra da concha, colocando sobre ela a pomba e a galinha, que começaram a ciscar, espalhando a terra da concha até se formar terra firme por toda parte. Oxalá foi até Olorum e lhe comunicou o resultado da tarefa. Olorum enviou um camaleão ao Aiê, o qual não pôde andar no solo, pois ainda não era tão firme. O camaleão relatou a experiência a Olorum, tornou a voltar ao Aiê, onde encontrou terra realmente firme e ampla, podendo a vida aí se desenvolver.

O lugar ficou conhecido como Ifé ("ampla morada"). Oxalá prosseguiu em sua tarefa de criar o mundo e tudo o que ele contém.

## Ogum
### Principal Sincretismo na Umbanda: São Jorge

Temível guerreiro, Ogum partiu para a guerra. Quando retornou a Irê, a população estava em um ritual em que se devia guardar silêncio. Por isso, ninguém saudou Ogum, que, indignado, começou a matar os próprios súditos.

Finda a cerimônia e, portanto, o silêncio ritual, o filho de Ogum e outros súditos vieram prestar homenagens ao rei, celebrando suas vitórias. Contudo, Ogum estava inconsolável, passava os dias atormentado pela culpa.

Ogum, então, cravou sua espada no chão, que se abriu, tragando-o. Pronto: estava no Orum, a morada dos deuses. Havia se tornado Orixá.

# Oxóssi
## Sincretismo na Umbanda: São Sebastião

Na comemoração anual da colheita de inhames, um grande pássaro pousou no telhado do palácio, assustando a todos. O pássaro havia sido enviado pelas mães ancestrais, que não haviam sido convidadas.

Para abater a ave, o rei chamou os melhores caçadores do reino, dentre eles Oxotogum, o caçador das vinte flechas; Oxotogi, o caçador das quarenta flechas; Oxotadotá, o caçador das cinquenta flechas. Todos erraram o alvo e foram aprisionados pelo rei.

Então, Oxotocanxoxô, o caçador de uma flecha só, auxiliado por um ebó votivo para as mães ancestrais/feiticeiras, e sugerido por um babalaô à mãe do caçador, disparou sua flecha e matou a ave.

Todos celebraram o feito. Honrarias foram concedidas ao caçador, que passou a ser conhecido como Oxóssi, isto é, "o caçador Oxô é popular".

## Xangô
### Principais Sincretismos na Umbanda:
### São João Batista e São Jerônimo

Xangô e seus comandados lutavam contra inimigo cruel, que mutilava e torturava os homens de Xangô, matando-os e entregando-os aos pedaços a seu comandante.

Então, Xangô subiu a uma pedreira e consultou-se com Orumilá, pedindo-lhe auxílio. Com seu oxê (machado duplo), começou a bater nas pedras, de onde brotavam faíscas que consumiram os soldados inimigos.

Por sua vez, os comandantes inimigos foram consumidos por um raio enviado por Xangô no momento máximo de sua cólera. Contudo, os soldados sobreviventes foram poupados por Xangô, que passou a ser conhecido por sua justiça e procurado para resolver toda sorte de contenda.

## Obaluaê
### Principais Sincretismos na Umbanda:
### São Lázaro e São Roque

Ao voltar à aldeia natal, Obaluaê viu uma grande festa, com todos os Orixás. Porém, em razão da própria aparência, não ousava entrar na festa. Ogum tentou ajudá-lo, cobrindo-o com uma roupa de palha que escondia até sua cabeça. Obaluaê entrou na festa, mas não se sentia à vontade. Iansã, que tudo acompanhava, teve muita compaixão de Obaluaê.

Então, a senhora dos ventos, esperou que Obaluaê fosse para o centro do barracão onde ocorria a festa e os Orixás dançavam animados. Por sua vez soprou as roupas de Obaluaê, as palhas se levantaram com o vento, as feridas de Obaluaê pularam, em uma chuva de pipoca.

Obaluaê, naquele momento, um jovem bastante atraente, tornou-se amigo de Iansã Igbale, reinando ambos sobre os espíritos (eguns).

## Iemanjá
### Principal Sincretismo na Umbanda: Nossa Senhora

Desde o início da criação os seres humanos começaram a poluir o mar. Por essa razão, Iemanjá e sua casa viviam sujas. Então, Iemanjá foi reclamar com Olorum, que lhe deu o poder de devolver à praia tudo o que sujasse as águas do mar.

Surgiram, assim, as ondas, que devolvem a terra o que não pertence ao mar.

## Nanã
### Sincretismo na Umbanda: Nossa Senhora de Sant´Ana

Quando recebeu ordens de Olorum para criar o homem, Oxalá se utilizou, sem sucesso, de várias matérias-primas.

Tentou o ar, mas o homem se desfez rapidamente. Experimentou a madeira, mas o homem ficou muito duro. O mesmo, e com mais intensidade, aconteceu com a pedra. Com o fogo, nada feito, pois o homem se consumiu. Oxalá tentou outros elementos, como água e azeite.

Então Nanã, com seu ibiri, apontou para o fundo do lago e de lá retirou a lama que entregou a Oxalá para ele fazer o homem. Deu certo: o homem foi modelado de barro e, com o sopro de Olorum ganhou vida.

Quando morre, o corpo físico do homem retorna a terra de onde veio por empréstimo de Nanã.

## Oxum
### Sincretismo na Umbanda: Nossa Senhora Aparecida

Desde o início do mundo os Orixás masculinos decidiam tudo, porém excluíam as mulheres. Como Oxum não se conformava com essa atitude, deixou as mulheres estéreis. Os homens foram consultar Olorum, que os aconselhou a convidar Oxum e as outras mulheres para participarem das reuniões e decisões. Assim fizeram, e as mulheres voltaram a gerar filhos.

## Iansã
### Sincretismo na Umbanda: Santa Bárbara

Iansã adorava suas joias. Um dia quis sair de casa com elas, mas seus pais não permitiram, argumentando que era perigoso.

Tempestuosa, Iansã entregou, então, suas joias a Oxum, varou o teto da casa, voando, ventando.

## Ibejis
### Sincretismo na Umbanda:
### São Cosme e São Damião,
### São Crispim e São Crispiniano

Os gêmeos, filhos de Xangô e Oxum, adoravam brincar e se divertir. Tinham predileção por tocar seus tambores mágicos, presentes de Iemanjá, sua mãe adotiva.

Por esse tempo, Icu, a morte, havia colocado armadilhas por todo o caminho, armadilhas que ninguém conseguia desarmar. E as pessoas morriam.

Os Ibejis decidiram derrotar a morte. Foram por um caminho onde ela havia posto uma armadilha. Um foi pela trilha, o outro, escondido na mata. Aquele que seguia pela trilha, tocava o tambor mágico. A Morte adorou e o avisou da armadilha, poupando-lhe a vida. E a Morte dançava. Quando se cansou, um gêmeo trocou de lugar com o outro e prosseguiu com a música. E a Morte dançava.

Ao longo do tempo e do caminho, o tambor não parava. A Morte foi se cansando, mas não conseguia interromper a dança. Pediu para que a música parasse. Os Ibejis, então, disseram que parariam a música desde que a Morte retirasse as armadilhas. Ela concordou.

Assim, os Ibejis venceram Icu, a Morte.

## Exu
### Principal Sincretismo na Umbanda: Santo Antônio

Exu vagava pelo mundo, sem destino, sem se fixar em lugar nenhum ou exercer alguma profissão. Simplesmente ia de um canto a outro. Um dia começou a ir à casa de Oxalá, onde passava o tempo a observar o velho Orixá a fabricar os seres humanos.

Outros visitavam Oxalá, ficavam alguns dias, mas nada aprendiam, apenas admiravam a obra de Oxalá, entregando-lhe oferendas. Por sua vez, Exu ficou por dezesseis anos na casa de Oxalá, ajudando e aprendendo como se fabricavam os humanos, observando, atento, sem nada perguntar.

Como o número de humanos para fazer só aumentava, Oxalá pediu a Exu para ficar na encruzilhada por onde passavam os visitantes, não permitindo que passassem os que nada trouxessem ao velho Orixá. Exu, então, recolhia as oferendas e entregava a Oxalá, que resolveu recompensá-lo, de modo que todo visitante deveria também deixar algo para Exu.

Exu se fixou de vez como guardião de Oxalá, fez sua casa na encruzilhada e prosperou.

## XIX

# Corte

— Pai Airton, uma última pergunta: a Umbanda pratica o corte?

Com essa pergunta, a jornalista esperava fechar a entrevista a respeito da Umbanda que seria publicada no domingo seguinte, no jornal local, em virtude da proximidade da Festa de Cosme, Damião e Doum.

— Na Umbanda, em cuja fundamentação não existe o corte, embora diversas Casas dele se utilizem, por influência dos Cultos de Nação, os elementos animais, quando utilizados (há Casas que não os utilizam nem mesmo nas chamadas entregas aos Orixás), crus ou preparados na cozinha, provêm diretamente dos açougues.

No primeiro caso, usam-se, por exemplo, língua de vaca, sebo de carneiro (por vezes confundido com e ou substituído por manteiga de carité), miúdos, etc.

No segundo caso, o que se compra em açougue e se come normalmente, no dia a dia, sem que haja sacrifício para tal. O importante é a Umbanda não discriminar o Candomblé e vice-versa, nem a Umbanda que não se utiliza de elemento animal nenhum, nem para a feijoada de Ogum, ou os peixes para a Festa de Oxóssi, por exemplo, achar que é superior à maioria das Casas que preparam pratos e entregas com elementos animais.

– Mas, por que, então, os sacrifícios no Candomblé?

– Certamente um dirigente espiritual candomblecista poderia mais bem explicar. O sangue é elemento vital, movimentador de Axé, como para nós, na Umbanda, são outros tantos elementos, e por isso não nos utilizamos do corte. Aliás, quando se fala em sangue, no Candomblé, não se fala apenas do sangue que corre nas veias.

– Como assim?

– Além do sangue propriamente dito (ejé, menga, axorô), importante no Candomblé para a movimentação do Axé, há outros elementos também conhecidos como sangue (vermelho, branco e preto), associados aos reinos animal, vegetal e mineral. Todos são importantíssimos condensadores energéticos, o que não significa que todos sejam usados no dia a dia dos terreiros. É importante perceber que estão em toda parte, nos chamados três reinos, movimentando Axé.

– O senhor poderia dar exemplos?

– Sim. Vamos lá.

## Sangue Vermelho

- Reino animal – sangue propriamente dito.
- Reino vegetal – epô (óleo de dendê), determinados vegetais, legumes e grãos, osun (pó vermelho), mel (sangue das flores), etc.
- Reino mineral – cobre, bronze, otás (pedras), etc.

## Sangue Branco

- Reino animal – sêmen, saliva, hálito, plasma (em especial do ibi, tipo de caracol), etc.
- Reino vegetal – seiva, sumo, yierosun (pó claro), determinados vegetais, legumes e grãos, etc.
- Reino mineral – sais, giz, prata, chumbo, otás, etc.

## Sangue Preto

- Reino animal – cinzas de animais.
- Reino vegetal – sumo vegetal – sumo escuro de determinadas plantas, waji (pó azul), carvão vegetal, determinados vegetais, legumes, grãos, frutos e raízes, etc.
- Reino mineral – carvão, ferro, otás, areia, barro, terra, etc.

– O senhor vê a crítica ao corte como um preconceito ao Candomblé?

– Certamente, e posso falar isso, pois, como eu disse, oficialmente, a Umbanda não pratica o corte, nossa Casa não o tem como fundamento. Então, sinto-me à vontade para falar dele com respeito sem que se diga por aí que estou defendendo causa própria. Se a crítica ao corte vem de um vegetariano, embora ele não entenda o fundamento, eu até o entendo. Mas de quem come carne, por quê? Por que não critica o açougueiro? Os animais criados em terreiros de Candomblé para o corte são mais bem-cuidados e respeitados do que aqueles criados enjaulados, com alimentação inadequada para engordar, etc. O animal, para o corte, não pode sofrer.

– Assim como na Umbanda, há Casas que, como o senhor falou não usam em seus pratos, em suas oferendas elementos animais, isso acontece também no Candomblé?

– Acontece. Há Casas que não cortam, cortam pouco ou se utilizam como na Umbanda, de elementos animais comprados no comércio (algumas Casas de Ketu com esse procedimento são chamadas de Ketu frio em contraposição às de Ketu quente, ou seja, as que cortam). Todas as Casas sérias precisam ser respeitas, pois seus fundamentos são estabelecidos com a Espiritualidade, adaptados ou não. Fundamento é fundamento, diferente de moda ou maluquice.

– Existem exageros?

— A meu ver (e é uma opinião pessoal), sim. Há Casas que cortam demais, que se vangloriam do número de animais cortados. Não é a quantidade que faz uma ceia saborosa, digamos assim, mas a qualidade do alimento, o preparo com amor, etc.

— O que o senhor acha do projeto de lei que visa proibir o corte nas Casas de Candomblé de nossa cidade?

— Absurdo. O autor do projeto não conhece Candomblé, uma vez que ele postou em redes sociais fotos de gatos assassinados, enfim. Olhe, aqui mesmo, em nossa cidade, duas Casas de Candomblé têm Mães Pequenas que são veterinárias. Se existir algum abuso, por que não criar uma comissão entre sacerdotes candomblecistas, polícia ambiental e sociedade civil organizada para visitar, o que é diferente de fiscalizar, esses terreiros? Há bairros em que as pessoas, das mais diversas denominações religiosas, que comem carne apenas quando o terreiro de Candomblé fornece. Feito o corte, partes específicas do animal têm uso litúrgico, pela circulação do Axé, como lhe disse, por exemplo, para se lavarem instrumentos, guias (colares), etc. A outra parte é comida. Isso tudo, em linhas gerais, mas espero ter esclarecido ao menos um pouquinho.

— Sim, Pai Airton, e obrigada pela explicação.

— O ideal, como falei, é você entrevistar alguém do Candomblé, um babalorixá, uma ialorixá, ou quem for indicado. Posso lhe passar alguns números.

— Faça a gentileza. Talvez o senhor também possa ir comigo e ajudar a fazer um bate-papo mais amplo. O que acha?

— Muito bacana. A todos os lugares aonde vou, sempre procuro falar dos pontos em comum entre Umbanda e Candomblé, e não de suas diferenças. As diferenças nos tornam únicos, não precisam ser divergências.

— É uma forma interessante de ver o mundo.

— Aprendi isso com meu Caboclo.

— Gostaria de aprender mais sobre os Caboclos, os Pretos Velhos. Gostei muito de ouvir a respeito da Linha das Crianças. Aliás, esse foi o motivo da entrevista.

— Será um prazer. Podemos marcar um bate-papo com mais tempo.

— Que certamente virá outra entrevista. — Riu a jornalista.

## XX

# Mas a fumaça representa as nuvens, e a cerveja, a espuma do mar

Tema recorrente em reuniões internas e em palestras abertas ao público, o uso de cigarros e álcool na Umbanda, em especial nas giras, nunca tirou o sono de Pai Arnaldo, sempre paciente e feliz pela oportunidade de tratar do assunto.

Na *Tenda de Umbanda São Jorge Guerreiro* não havia exageros nem na Direita nem na Esquerda. Na Direita, cerveja em algumas festas, batida de coco para os Baianos. Na Esquerda, cerveja para os Exus e champanha rosê ou branca para as Pombagiras (a propósito, quando se servia carne – muito malpassada ou crua – nem pensar). Cigarros, charutos, cachimbos ou cigarros de palha com critério, sem distinção para este ou aquele, de acordo com a forma como cada Entidade trabalha. Médiuns que não bebem ou não fumam, assim também os menores de 21 anos, não usam esses elementos na gira. Quantidades? Pequenas. No caso do álcool, destilado apenas para firmar o ponto, mas isso também estava sendo revisto, a fim de não causar confusão e distorções, especialmente entre os irmãos da assistência.

A função primeira do fumo é defumar (por isso, exceções à parte, a maioria dos Guias e Entidades não tragam: enchem a boca de fumaça, expelindo-a no ar, sobre o consulente, uma foto, etc.). Por essa razão, se o terreiro for defumado e for mantido aceso algum defumador durante os trabalhos, há Entidades que nem se utilizam do fumo.

O fumo desagrega energias deletérias e é fonte de energias positivas, atuando em pessoas, ambientes e outros. O álcool, por sua vez, também serve de verdadeiro combustível para a magia, além de limpar e descarregar, seja organismos ou pontos de pemba ou pólvora, por exemplo. Ingerido sem a influência do animismo, permanece quantidade reduzida no organismo do médium e mesmo do consulente. São, portanto, instrumentos de trabalho, além de formas de gentileza e gratidão para com aqueles que incorporam. Entretanto, o Guia Chefe da Casa, paulatinamente, excluirá dos trabalhos o consumo de fumo e álcool. Articula isso no Astral e já comunicou Pai Arnaldo, que repassou a informação aos filhos.

Embora as Entidades de médium que não fume não se utilizem do elemento fumo quando incorporado, para não haver risco de induzir o médium ao vício, Pai Arnaldo abriu duas exceções para uma médium de muita responsabilidade e firmeza. Um dos Pretos Velhos com que trabalha pede para o cambone pôr um pedacinho de fumo de corda no café (a médium detesta o gosto que fica em sua boca). O Caboclo, por sua vez, fuma um charutinho, dos pequenos mesmo, isso quando dá tempo. Por outro lado, Pai Arnaldo teve problemas com a folclórica médium que começou a se desenvolver na Casa, fazia tipo, tentou seduzir metade do congá e afirmava a todos que havia começado a fumar porque sua Pombagira queria. Infelizmente, pensava Pai Arnaldo, a moça, que não aceitava orientações, não estava mais na Casa, não tinha notícias dela, esperava e rezava que estivesse bem.

Pai Arnaldo, dialogando sem pedantismo, a todos orientava, com alegria e sob o comando de Caboclo Beira-Mar.

"Mas seu Ogum não devia beber
Mas Seu Ogum não devia fumar
Mas a fumaça representa as nuvens
E a cerveja a espuma do mar".

## XXI

# Xangô: Notas sobre o Sincretismo

## São Jerônimo

Nascido em Estridão, na Dalmácia, em aproximadamente 345 d.C., faleceu em Belém em 419 d.C.. Tradutor, foi responsável pela tradução da Bíblia para o latim (Vulgata). Erudito, estudioso, doutor da Igreja, foi também secretário do Papa Dâmaso.

Após a morte do pontífice, sofrendo críticas e calúnias, retirou-se para Belém. Geralmente é representado tal qual um ancião de barbas e cabelos brancos, com um leão (um dos animais símbolos de Xangô) e um livro (Bíblia). Trata-se certamente da forma mais popular de sincretismo do Orixá Xangô na Umbanda, por meio de representação de imagens em seus altares, embora nos pontos cantados predomine a figura de São João Batista.

Reza a lenda que, com senso de justiça, São Jerônimo defendeu um leão da acusação, sem provas e apressada por observações sobre a aparência dos fatos, de haver matado e comido um seu amigo jumento, o que depois se verificou não ser verdade.

Sua festa é celebrada no dia 30 de setembro, Dia da Bíblia para a Igreja Católica. Sincretizado principalmente com Xangô Agodô.

## São João Batista

Nascido na Judeia, por volta do ano 02 a. C., foi morto aproximadamente em 27 d. C.. Primo de Jesus, ele foi o precursor de sua mensagem e acabou por batizar o próprio Jesus, de quem se declarava indigno de desatar as sandálias.

Célebre por dizer o que pensava, não temia acusar Herodes Antipas por haver se casado com a viúva de seu irmão, o que não era permitido por lei. Contudo, segundo consta, Herodes tolerava João Batista e lhe admirava o verbo. A astúcia de Herodiade, a esposa, colocou Salomé, filha de seu casamento anterior para dançar para o rei, que lhe prometeu o que ela desejasse, mesmo que fosse a metade de seu reino. A enteada, por influência da mãe, solicitou, então, a cabeça de João Batista em uma bandeja, sendo o rei obrigado a cumprir sua promessa.

A festa em homenagem a São João Batista é celebrada em 24 de junho, com as tradicionais fogueiras, e em especial na noite/madrugada do dia 23 para o dia 24.

## São Pedro

Discípulo de João Batista e Apóstolo de Jesus Cristo, ele nasceu em Betsaida e morreu em Roma em 64 d. C., no reinado de Nero, crucificado de cabeça para baixo pelo fato de se sentir indigno de morrer tal qual o Mestre. Seu nome foi dado por Jesus e significa "pedra", "rocha" ("Cefas", em aramaico), sobre a qual se edificou a comunidade cristã (para a Igreja Católica – Pedro foi o primeiro Papa).

Pedro, integrante do círculo de atividades de Jesus, foi o Apóstolo que prometeu segui-Lo, porém o negou três vezes, por medo. Impetuoso, ele cortou a orelha de um empregado do Sumo Sacerdote que acompanhava o grupo que iria prender Jesus, cujo ferimento foi publicamente curado pelo Mestre.

Distingue-se de João, o chamado "Discípulo Amado", que em tudo seria exemplar, e de Judas, que trairia o Mestre, sendo, assim, um dos Apóstolos cujo arquétipo mais se aproxima das oscilações da alma humana, e bem representa o caminho das pedras até o amadurecimento, por meio de erros e acertos.

Não ao acaso, arquetipicamente, Xangô Airá é associado a São Pedro, conforme visto no capítulo 15. Em diversas imagens, além das chaves que ligam céu e terra, traz também um livro, elemento relacionado a diversas representações sincréticas de Xangô. Festa: 29 de junho.

## Moisés

Não se trata propriamente de santo católico, mas de legislador, líder religioso e profeta do Antigo Testamento, responsável pela libertação do povo hebreu da escravidão no Egito.

As Tábuas da Lei, com os Dez Mandamentos, se associam a Moisés que, segundo a tradição, teria recebido do próprio Deus. Por sua liderança, pela sabedoria e experiência (a representação mais conhecida de Moisés é a de um patriarca em idade madura, com barbas e cabelos brancos), pelo texto da Lei impresso em pedra e recebido no Monte Sinai, ele sincretiza Xangô.

## São José

Esposo de Nossa Senhora e pai (segundo a tradição católica, putativo) de Jesus, ele é representado tal qual homem maduro e grisalho, com barba. Trata-se de patriarca que traz ao colo o filho amado, ainda criança, e segura na mão um lírio branco, flor de Xangô (também flor de Oxalá; a flor de Xangô é também o cravo branco ou vermelho), o que favorece o sincretismo. Sua festa é celebrada em 19 de março.

## São Judas Tadeu

Apóstolo de Jesus que viveu no século I, irmão de São Tiago Menor. Conhecido como "Tadeu", isto é, "aquele que tem peito largo". Pregou na Galileia, na Judeia, na Síria e na Mesopotâmia. Em muitas de suas representações, aparece tal qual um homem maduro de barba e com um instrumento que lembra muito um machado ou uma foice e com um livro (Evangelho) na mão. É invocado para casos impossíveis ou de desespero. Sua festa é celebrada em 28 de outubro.

Observe-se, não apenas no caso de Xangô Airá (sincretizado com São Pedro), a estreita ligação entre cada santo católico e Jesus Cristo (sincretizado com Oxalá), assim também entre Moisés e Deus Pai (também sincretizado com Oxalá).

## XXII

# Cambone e a Arte de Ser Gentil

Todos somos médiuns. Evidentemente, não de psicografia ou de incorporação, por exemplo. Mas todos somos canais de contato com outros planos, atraindo espíritos benfazejos e energias positivas, ou espíritos menos evoluídos e energias negativas. Tudo depende do canal, isto é, de nós mesmos.

Em um terreiro de Umbanda, o cambone (também conhecido como cambono/a cambona) constitui-se em uma das sustentações da gira, assim também os pontos cantados, os toques e outros elementos. Daí a importância de seu trabalho consciente, calcado no "Vigiai e Orai" preconizado pelo Mestre Jesus. Alguns exercem a função temporariamente, pois em breve começarão a incorporar. Outros, os que não incorporam, são convidados a exercê-la durante todo o tempo em que permanecerem no terreiro.

Para cambonear com mais eficiência e devoção, é necessário ser gentil. Para os cambones ser gentil com os Orixás, com os Guias e com os Guardiões certamente é mais fácil. Mas com os próprios médiuns da Casa nem sempre, em especial com aqueles que costumam ditar ordens durante as giras, a despeito das orientações já recebidas pelos cambones dos pais e mães ou dos próprios Orixás, Guias e Guardiões. Por vezes, na ânsia de auxiliar (ou mostrar serviço...), irmãos menos esclarecidos desconcentram os cambones, até mesmo empurrando-os. Se o cambone perder o controle, certamente baixará o padrão vibratório. Uma sugestão bem prática para esses casos é deixar para chamar, depois da gira, a atenção do imão que atrapalhou. Quando isso não é possível, discretamente avisá-lo de que está atrapalhando.

Para a assistência o cambone é o espelho da Casa, pois é ele que distribui senhas, encaminha os atendimentos e se comporta com discrição durante os passes e as consultas. Veja-se a importância de receber amorosamente a todos, sem distinção. E também com firmeza (o que não exclui a amorosidade) para se evitar tumulto, barulho e outros que possam atrapalhar a gira.

Durante os trabalhos, o cambone deve estar atento a tudo, ao gesto de um Guia o chamando, a alguma das crianças que possa ter ido ao banheiro sem ter avisado algum adulto, à porta do terreiro (se não há ninguém lá fora atrapalhando ou "vistoriando" veículos), etc. Enquanto percorre a Casa com os olhos, certamente cantará pontos, baterá palmas, em colaboração com o coro/os Ogãs, uma vez que os demais médiuns estarão incorporados ou em desincorporação.

As funções do cambone nos recordam que, em Espiritualidade, todo trabalho consciente e sincero é bem-vindo. Um terreiro sem um pai ou uma mãe consciente caminhará com dificuldade. O mesmo pode-se dizer de um terreiro em que os cambones se deixem levar pelo orgulho, pela falsa modéstia, pela fofoca, pela indiscrição. Mestre Jesus lavou os pés dos discípulos para lembrar que, em Espiritualidade, função (Babá, Ogã, Cambone, etc.) é serviço, não distinção.

O contato constante e direto com os Orixás, Guias, Guardiões (não importa!) é motivo de experiências amorosas, alegres e divertidas (embora, infelizmente, líderes religiosos nem sempre sejam bem-humorados, confundindo seriedade com sisudez – a Espiritualidade amiga caminha em outro sentido).

Lembro-me de uma médium que não levava para as giras os charutos pedidos por seu Caboclo, por seu Baiano, etc., mas sim de outra qualidade. Como cambone, eu já lhe havia avisado, em particular. Em uma gira, o

Baiano e eu tentamos fazer charuto "funcionar". Depois de aceso, o Baiano me pediu para dar uma batidinha.

    Concentrado no charuto, eu dei umas batidinhas no charuto, ao que ele me disse: – "Não, aquela batidinha de beber!". A cada gira, uma nova aventura...

## XXIII

# Xangô: Meditação

Xangô é vermelho e branco, espécie de síntese entre o vermelho de Exu e o branco de Oxalá (Candomblé). É o marrom da terra, do hábito franciscano, da pedra (Umbanda). É o Orixá da Justiça. Justiça com compaixão: uma vivência cotidiana.

Xangô é dança, é expressão, é eloquência em todos os sentidos, não apenas da palavra. Xangô quer falar, rodar, brincar, ser visto.

Orixá do fogo, do raio, do trovão, faísca que pode provocar incêndio. Paixão, devoção, plenitude de potencialidades, fogo que prova de si mesmo e, por isso, não se queima. Sensibilidade à flor da pele, lava que se assenta para ouvir melhor e argumentar, em vez de explodir, em exercício de impassibilidade de pedra. Montanha que se alcança com passos precisos, pois do alto a vista é maior. Fogo que se alimenta de si: Xangô.

O machado de Xangô, batendo na pedra, gera faísca. Justiça, equilíbrio, verdade que se abre, vem à tona e, literalmente, queima.

Xangô é sincretizado com tantos santos, dentre eles: São João Menino e a fogueira; São Jerônimo e o patriarca Moisés e com o texto escrito; com São Pedro, o Apóstolo cujo arquétipo é o dos mais humanos, nem tão distante quanto Judas, nem tão próximo quanto João: aquele que promete e não cumpre; aquele que forja a sua fé no fogo da experiência e por isso se torna líder.

Xangô também é Santo, é Orixá: energia bruta, em ebulição, para ser trabalhada de maneira harmônica, pois o Aiê pode ser Orum, e vice-versa, o diálogo pode ser constante, sem cobrança de tarifa de interurbano ou pedágio de rodovia.

Kaô Cabecile!

Rei que lembra que todos nós somos divinos, reais, em todos os sentidos. Rei do vermelho e do branco e também do marrom, da energia telúrica, da vida, do intenso. Rei que carrega rei nas costas, a fim de compensar uma injustiça contra seu pai Oxalá.

São várias as qualidades de Xangô (as mais conhecidas são doze), e há quem sustente que Ayrá não seria propriamente um Xangô, mas teria seu culto amalgamado ao do Orixá do fogo. Para muitos Ayrá é um Xangô mais velho, mais maduro; outros o qualificam de jovem. Ayrá se veste de branco para saudar Oxalá.

Xangô que não resiste aos encantos do feminino ("Meu reino por um chamego"). Só mesmo as águas de Oxum, Oyá e Obá para refrescar tanto fogo: as mesmas águas fervem com o fogo.

Xangô: paixão e tensão com Obá.

Xangô apaixonado por Oxum, mas que não vai morar no fundo do rio.

Xangô e Iansã comungando do fogo, alimentado pelo vento. Quem disse ser fácil ter três esposas?

"Água mole em pedra dura tanto bate até que fura". Novamente as águas das meninas provocando Xangô, pois pedra também tem vida, respira, cresce, rola. Xangô é pedra que deita e rola.

Conta-se que certa vez Xangô fugiu de seus perseguidores vestido de mulher, auxiliado por Oyá. Os inimigos lhe abriram caminho pensando tratar-se da linda Iansã. Bela imagem da integração entre masculino e feminino: colocar-se no papel do outro para salvar e ou conhecer a si mesmo. [7]

---

7. Mirella, FAUR, *Mistérios nórdicos: deuses, runas, magias, rituais*, p. 86). Veja-se esta correlação com o deus nórdico Thor, inscrito na mesma gama arquetípica de Xangô: "Uma interpretação interessante sobre o mito em que Thor, disfarçado de mulher, resgata seu martelo é dada pela escritora Freya Aswynn. Ela afirma que, somente ao assumir sua anima (indicada pelas roupas femininas), Thor consegue resgatar sua verdadeira masculinidade (simbolizada pelo martelo que, como a runa Thurisaz, é uma figura fálica)".

Xangô: o raio que na noite escura indica o caminho; o corisco na madrugada; o machado que separa e une os opostos, num ir e vir, no ritmo e no fluxo da vida; o pai que pune o filho de modo assertivo, justo e de maneira a conscientizá-lo das responsabilidades do erro e da reparação (o pai que não bate, não vinga); a pedra firme e segura, mas que sabe rolar; a beleza, o donaire, a elegância na simplicidade e sem afetações; a sabedoria de viver a realeza na realidade; o trovão que avisa; a celebração nas pequenas e nas grandes coisas; o coração; a paixão; o amor; o riso largo; o fogo em todas as nuanças.

Emi Xangô Obá Iná!
(Eu sou Xangô, o Rei do Fogo!)

Kaô, meu Pai! Kaô!

# XXIV

# Oxum: Meditação

Orixá do amor, da beleza, da maternidade, das águas (em especial da água doce, das cachoeiras), Oxum é suavidade e movimento, tranquilidade e ímpeto. As águas representam as emoções, e quem deseja mergulhar em um rio deve saber sua profundidade, conhecer trechos em que a correnteza é mais forte. Ninguém se banha duas vezes no mesmo rio, conforme assinalou Heráclito. Muito menos Oxum.

Do mesmo modo que toda mulher, Oxum também é segredo, prescinde de suscetibilidades para se deixar conhecer, tal qual a água, por seus caminhos sinuosos. Se mira a própria beleza em seu abebé, também esconde o rosto por trás do filá. E quem conhece plenamente todas as faces de uma mulher?

Deusa de passos suaves, mulher que caminha sobre pétalas, sua dança e seu canto envolvem a todos em Axé de beleza, vitalidade, fertilidade. Suas pulseiras emitem ritmos próprios, femininos.

Há diversas qualidades de Oxum (16 são as mais conhecidas), de todas as idades, com diversos símbolos. A Apará, por exemplo, é guerreira e carrega espada, caminha com Iansã e, segundo alguns mais velhos, metade do tempo é Oxum, e a outra metade, Iansã. Essa espada protege seus filhos de negatividade, enquanto também permite que a guerreira, quando desejar, mire sua beleza na própria lâmina. Há espelhos por toda parte, ainda mais no reino de Oxum.

Mulher-mãe, Oxum ensina a importância do resguardo feminino no período menstrual, não porque o corpo esteja sujo, como faz supor uma leitura patriarcal, mas porque se refaz, se recria, purga os excessos e se prepara para o novo. O vermelho e o ecodidé são riquezas que o próprio branco, o funfun, Oxalá usam como adorno, em sinal de respeito ao feminino e a seus ciclos.

Oxum é mãe, mulher, amante, amiga. Tem me colocado no colo desde sempre. Na maternidade, quando eu era o único bebê do sexo masculino nascido naquele dia; no matriarcado da família materna em que nasci; nos cursos todos em que sou o único homem ou um dos poucos; nas mulheres que tenho amado de inúmeras formas. O feminino sempre está aí para me ensinar algo. Lições de Oxum. Além disso, sua carícia está presente em diversos momentos particulares, em presentes, intuições, sincronicidades que recebo ao longo do dia.

Alguns também associam Oxum à chuva (outros, a Oxumaré, a Euá, a Iansã, etc.). Diversos eventos são lavados pela chuva. Em outros momentos, as emoções explodem em encanamentos, torneiras, etc. Águas que lavam, curam, purificam. Águas passadas, águas novas.

Ora ye ye o!

# XXV

# O Sexo dos Orixás

Fabiano sentia que sua orientação sexual era um fardo para a vida espiritual até conhecer a Umbanda. Após participar de algumas giras, conversou com Mãe Adelita sobre sua entrada na Casa, ouvindo da Babá, sempre humorada: "Meu filho, com respeito a todas as religiões, aqui não desencapetamos ninguém".

De fato, como tantas outras religiões, a Umbanda não discrimina ninguém por sua orientação sexual.

Ao contrário do que comumente se pensa, a homossexualidade é uma orientação sexual do médium, não estando atrelada ao Orixá. Quem tem um Orixá dito comumente metá metá (energia masculina e feminina), por exemplo, não será necessariamente homossexual ou bissexual. A forte presença de homossexuais, tanto masculinos quanto femininos, na Umbanda, no Candomblé (e, claro, em outras religiões) deve-se à acolhida, à compreensão e ao fato de eles não serem segregados, discriminados ou apontados, o que, além de falta de caridade denota infração a diversos direitos civis.

Mesmo em terreiros onde não se registram bênçãos para casais homossexuais, acolhem-se essas relações e, em nome do amor e dos direitos civis, exigem respeito para com os irmãos com essa orientação sexual. Entretanto, há Casas onde o matrimônio é oferecido como sacramento tanto para casais homossexuais quanto heterossexuais.

No caso dos transexuais, os templos costumam respeitar o nome social do filho ou filha, bem como sua orientação de gênero no desenvolvimento mediúnico, o que, aliás, ocorre com todos os filhos homossexuais.

Por uma questão de equilíbrio energético que não tem nada a ver com homossexualidade ou bissexualidade, há Casas em que médium masculino não incorpora entidade com energia feminina, e isso vale para os irmãos homossexuais, exceção feita a transexuais e outros.

Segundo orientações espirituais, a mulher suporta com precisão a energia dita feminina de Orixás e Entidades. Já o homem tem um choque energético muito grande, que pode abalar sua emotividade. Contudo, tal abordagem em nada invalida a seriedade de Casas onde médiuns masculinos incorporam Iabás ou Entidades diversas com energia feminina.

— O que não é bom, Fabiano, é brincar com o sentimento dos outros. Isso sim é ruim. Também a promiscuidade dá trabalho. Não falo isso por moralismo, mas por questões energéticas, meu filho. Hétero ou homossexual, toda relação sexual pressupõe uma troca de energias. Não estou falando que "ficar", "namoricar" é errado, ou mesmo apontando o dedo para relações extraconjungais. Cada um sabe de sua caminhada sexual como deve saber de sua caminhada espiritual, de sua história, de seus momentos, de suas carências. A questão é não dissipar a própria energia e nem se deixar enredar por energias outras, de encarnados ou não. A vida afetiva precisa ser vivida com naturalidade, equilíbrio, nem tanto o mar, nem tanto a terra.

— Infelizmente, a maioria de nós foi criada para ter medo do corpo, do sexo...

— Isso é um desequilíbrio tão grande quanto se anular em relações impessoais e com inúmeros parceiros. Disse muito bem, meu filho. Muita gente pensa que, para o espírito crescer, é preciso negar o corpo. Se o corpo fosse ruim, Orixá não incorporava...

— Por falar em Orixá, Mãe Adelita, e a questão do "corpo limpo"?

— Essa expressão, já consagrada pelo uso, até mais no Candomblé do que na Umbanda, é mesmo complicada, filho. Para diversos rituais da Umbanda, inclusive as giras, pede-se, além de alimentação leve, a abstenção de álcool e que se mantenha o "corpo limpo" (expressão utilizada em muitos terreiros e que representa abstenção de relações sexuais). No caso da abstenção de álcool, o objetivo é manter a consciência desperta e não permitir a abertura de brechas para espíritos e energias com vibrações deletérias.

No tocante à abstenção sexual, a expressão "corpo limpo" não significa que o sexo seja algo sujo ou pecaminoso: em toda e qualquer relação, mesmo a mais saudável, existe uma troca energética. O objetivo da abstenção, portanto, é que o médium mantenha a própria energia concentrada e não se deixe envolver, ao menos momentaneamente, pela energia de outra pessoa, em troca íntima. O período dessas abstenções varia de Casa para Casa, mas geralmente é de um dia (pode ser da meia-noite do dia do trabalho até a meia-noite seguinte, ou do meio-dia do dia anterior ao trabalho até às 12h do dia seguinte ao trabalho, etc.). Há períodos maiores de abstenções chamados de preceitos ou resguardos.

Na maioria dos casos, relações sexuais de casais que tenham relacionamento estável são possíveis. Em casos de banhos e determinados trabalhos, além de época de preceitos e resguardos, também há dieta alimentar específica, além de cores de vestuário que devem ser evitadas, salvas exceções como as de uniformes de trabalho, por exemplo.

– Entendi...

– Nada como perguntar, dialogar, filho. Muita gente perde tempo e fica discutindo o sexo dos Orixás. Aliás, Orixá tem sexo? As histórias dos Orixás devem ser tomadas ao pé da letra? Então, Xangô vivia atrás de mulheres, e seus filhos têm de ser, obrigatoriamente mulherengos? As compatibilidades e incompatibilidades dos Orixás são energéticas, filhos. Senão, alguém ouve as histórias e pensa que no Astral é tudo uma grande suruba...

Os dois riram muito e se abraçaram – mãe e filho, humana e espiritualmente.

## XXVI

# Ogã Cochilo

Ele ganhou o apelido carinhoso dos demais Ogãs. Uma figurinha de 13 anos. Tocava bem, mas se distraía, derrubava coisas. Subia em um banquinho para tocar atabaque e, às vezes, até do banquinho ele caía.

De bom coração, ensaiava sempre com as crianças e os adolescentes, ensinando os toques, sugerindo opções. Chegava atrasado, com os olhos fechados e o cabelo em pé, se coçando todo, como se tivesse acabado de acordar. E, às vezes, tinha mesmo. Mas nunca deixou de bater cabeça, saudar o altar e cumprimentar a cada um dos irmãozinhos, um a um.

A voz engrossou com o tempo e ele começou a puxar os pontos com mais propriedade. Os Guias sempre o aconselhavam a não se perder no toque por paquerar alguma menina. Ele bem que se esforçava.

Cochilo imitava todo mundo, era o primeiro a puxar uma graça nos momentos de descontração. Ria de todos, todos riam dele, todos riam juntos.

Uma vez sonhou que tocava na Aruanda e os Orixás dançavam.

Ele participou da gravação de filmes, DVDs, trilhas de filmes.

Colocou brinco na orelha esquerda.

Quebrou a perna inúmeras vezes.

E, eventualmente, continuou a cochilar em reuniões.

## XXVII

# Oração

Caboclo,

Sua bênção!

Agradeço as lições de coragem, força, determinação e humildade. Com passos firmes, me ensinaste a andar. Com sabedoria, me ensinaste a apurar o ouvido para distinguir o canto dos pássaros, o ruído das folhas, os passos dos que chegam para destruir a floresta.

Ando e corro pelas matas, sob o brilho de teus olhos, sabendo que, pés plantados no chão e corpo flexível – escorrego, mas não caio. Não há limo nas pedras que me derrube quando estás por perto para me ensinar onde pisar.

A Umbanda nasce do brado de um Caboclo. E é na Umbanda que aprendo a bradar e a ficar em silêncio. A ser corajoso, sem ser agressivo. A ser paciente, sem perder o foco. A distinguir entre a folha que salva e o veneno que mata. A ser digno com humildade.

Agradeço as lições de sabedoria, em volta do fogo, sentado em círculo.

Agradeço as lições de sobrevivência para os momentos de perigo.

Agradeço por me apurares os olhos e as mãos para eu identificar melhor e aprender a desarmar armadilhas.

Caboclo do verde de Oxóssi, és terra, água, fogo e ar, combinados em harmonia. És mestre porque sabes ser discípulo. És cacique e pajé, por isso tu batizas e curas, tu limpas, consagras e cruzas.

Eu sigo dançando na tua pisada.

Eu sigo os caminhos marcados por pedras, paus e folhas que deixas para mim. Eu sigo os caminhos riscados pela pemba.

Eu sigo até o caminho e eu nos tornarmos um.

Okê, Caboclo!

---

Filho, enquanto os outros acham
(seja quem for, seja quem for...),
você tenha certeza.

Caboclo Pena Branca

# O Autor

Ademir Barbosa Júnior (Dermes) é idealizador; um dos coordenadores do Fórum Municipal das Religiões Afro-brasileiras de Piracicaba.

Mestre em Literatura Brasileira pela Universidade de São Paulo, onde também se graduou em Letras, é autor de diversos livros, dentre eles: *Curso essencial de Umbanda, O essencial do Candomblé, Para conhecer a Umbanda, Para conhecer o Candomblé* e *Xangô*.

Mestre em Reiki, tarólogo e numerólogo. Umbandista, com passagem pelo Candomblé, de onde saiu Ogã, é atualmente filho da *Tenda de Umbanda Caboclo Pena Branca e Mãe Nossa Senhora Aparecida*, em Piracicaba, SP.

Terapeuta holístico, ex-seminarista salesiano, com vivência em casas espíritas, participa amorosamente do diálogo ecumênico e interreligioso e mantém uma coluna sobre Espiritualidade no site http:www.mundoaruanda.net.

Coordenador Cultural do "Projeto Tambores no Engenho", desenvolvido pela *Tenda de Umbanda Caboclo Pena Branca e Mãe Nossa Senhora Aparecida*, acredita que a postura mais interessante na vida é a de aprendiz.

É membro da 1ª gestão do Conselho de Participação e Desenvolvimento da Comunidade Negra de Piracicaba, tendo participado da comissão responsável pela implantação dessa iniciativa.

Produziu os curtas-metragens *Águas da Oxum* (Adjá Produções); *Mãe dos Nove Céus* (Bom Olhado Produções), *Mãe dos Peixes, Rainha do Mar* (Bom Olhado Produções) e *Xangô* (Bom Olhado Produções).

Em 2012 recebeu o Troféu Abolição (Instituto Educacional Ginga – Limeira, SP). Em 2013, o Diploma Cultura de Paz – Categoria Diálogo Interreligioso (Fundação Graça Muniz – Salvador, BA) e o Diploma Zumbi de Palmares (Câmara Municipal de Campinas).

# Referência Bibliográfica

CACCIATORE, Olga Gudolle. *Dicionário de Cultos Afro-brasileiros*. Rio de Janeiro: Forense Universitária, 1977.

*De Bob Dylan a Bob Marley - Um samba-provocação*, Gilberto Gil, Warner Music, 1989

FAUR, Mirella. *Mistérios nórdicos: deuses, runas, magias, rituais*. São Paulo: Pensamento, 2007.

LOPES, Nei. *Enciclopédia brasileira da Diáspora Africana*. São Paulo: Selo Negro, 2004.

PEIXOTO, Norberto (pelo Espírito RAMATÍS). *Mediunidade e sacerdócio*. Limeira: Editora do Conhecimento, 2010.

PRANDI, Reginaldo. *Mitologia dos Orixás*. São Paulo: Companhia das Letras, 2001.

## Ho'oponopono
### Método de Autocura Havaiano

*Juliana De' Carli*

Formato: 14 x 21 cm
Número de Páginas: 128

Neste livro a mestre em Reiki Juliana De' Carli nos apresenta uma de suas grandes ferramentas, o Ho'oponopono. Uma técnica havaiana que existe desde os tempos dos Kahunas, que ensina que o perdão, o carinho, a gratidão e o amor são mais do que um caminho moral, mas também um caminho de cura, crescimento e transformação.

---

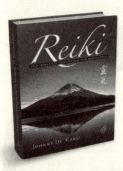

## Reiki
### Os poemas recomendados por Mikao Usui

*Johnny De' Carli*

Formato: 10,5 x 13 cm
Número de Páginas: 160

O Sensei Usui era um grande admirador do Imperador Meiji e selecionou 125 de seus poemas para utilizá-los nas reuniões de prática e ensino do método Reiki, consideradas um alimento espiritual. No Japão, na Usui Reiki Ryoho Gakkai, os praticantes mantêm essa tradição.

Visite nosso site: www.novasenda.com.br